Jesus, o Mestre entre os Sábios

COLEÇÃO JUDAÍSMO E CRISTIANISMO

I. O Ciclo de Leituras da Torah na Sinagoga
   Pe. Fernando Gross

II. Jesus fala com Israel: uma leitura judaica de parábolas de Jesus
   Rabino Philippe Haddad

III. Convidados ao banquete nupcial: uma leitura de parábolas nos Evangelhos e na tradição judaica
   Pe. Dr. Donizete Luiz Ribeiro, nds

IV. Jubileu de ouro do Diálogo Católico-Judaico: primeiros frutos e novos desafios, 2ª EDIÇÃO
   Organizadores: Donizete Luiz Ribeiro, nds; Marivan Soares Ramos

V. Pai Nosso – Avinu Shebashamayim: uma leitura judaica da oração de Jesus
   Rabino Philippe Haddad

VI. As relações entre judeus e cristãos a partir do Evangelho de São João.
   Pe. Manoel Miranda, nds

VII. Introdução à leitura judaica da Escritura
   Irmã Anne Avril, nds e ir. Pierre Lenhardt, nds

VIII. A Unidade da Trindade: A escuta da tradição de Israel na Igreja.
   Ir. Pierre Lenhardt, nds

IX. Por trás das Escrituras. Uma introdução a exegese judaica e cristã
   Prof. Marivan Soares Ramos

X. Judaísmo simplesmente
   Irmã Dominique de La Maisonneuve, nds

XI. As Sagradas Escrituras explicadas através da genialidade de Rashi
   Ir. Elio Passeto, nds

XII. À Escuta de Israel, na Igreja. Tomo I
   Ir. Pierre Lenhardt, nds

XIII. A Trilogia Social: estrangeiro, órfão e viúva no Deuteronômio e sua recepção na Mishná
   Pe. Antônio Carlos Frizzo

XIV. À Escuta de Israel, na Igreja. Tomo II
   Ir. Pierre Lenhardt, nds

XV. Uma vida cristã à escuta de Israel
   Ir. Pierre Lenhardt, nds

XVI. O ciclo das festas bíblicas na Escritura e na Tradição judaico-cristãs.
   Pe. Manoel Miranda, nds e Marivan Ramos

XVII. Fraternidade ou a Revolução do Perdão
   Rabino Philippe Haddad

XVIII. Escritura e Tradição: Ensaios sobre o Midrash
   Renée Bloch

XIX. Jesus, o Mestre entre os sábios
   Marivan Soares Ramos e Márcio M. Matos

XX. Como Jesus lia a Torá: sair do mal-entendido entre Jesus e os fariseus
   Rabino Philippe Haddad

Marivan Soares Ramos
Márcio M. Matos

Jesus, o Mestre entre os Sábios

1ª edição
São Paulo – 2022

Edições Fons Sapientiae
um selo da Distribuidora Loyola

Direitos:	© Copyright 2022 – 1ª edição, 2022 – CCDEJ/FASI - Religiosos de N.S. de Sion
ISBN:	978-65-86085-24-2
Fundador:	Jair Canizela (1941-2016)
Diretor Geral:	Vitor Tavares
Conselho Editorial e Consultivo:	Dr. Donizete Luiz Ribeiro Dr. Jarbas Vargas Nascimento, PUCSP Dr. Ruben Sternschein, CIP Me. Elio Passeto Me. Fernando Gross Me. Manoel Ferreira de Miranda Neto Me. Marivan Soares Ramos
Revisão:	Equipe do CCDEJ/FASI-SP
Capa e diagramação:	Telma Custodio

```
Dados Internacionais de Catalogação na Publicação (CIP)
          (Câmara Brasileira do Livro, SP, Brasil)

        Ramos, Marivan Soares
           Jesus, o Mestre entre os sábios / Marivan Soares
        Ramos, Márcio M. Matos. -- 1. ed. -- São Paulo,
        SP : Edições Fons Sapientiae, 2022. -- (Judaísmo
        e cristianismo)

           Bibliografia.
           ISBN 978-65-86085-24-2

           1. Cristianismo - Relações - Judaísmo
        2. Judaísmo - Relações - Cristianismo - História
        I. Matos, Márcio M. II. Título. III. Série.

        22-113584                               CDD-261.2

                Índices para catálogo sistemático:

             1. Judaísmo e cristianismo    261.2

        Eliete Marques da Silva - Bibliotecária - CRB-8/9380
```

Acesse a loja virtual para adquirir os livros:

https://loja.sion.org.br | www.livrarialoyola.com.br

Edições Fons Sapientiae
é um selo da Distribuidora Loyola de Livros
Rua Lopes Coutinho, 74 – Belenzinho 03054-010 São Paulo – SP
T 55 11 3322 0100 | editorial@FonsSapientiae.com.br
www.FonsSapientiae.com.br

Todos os direitos reservados. Nenhuma parte desta obra pode ser reproduzida ou transmitida por qualquer forma ou quaisquer meios (eletrônico ou mecânico, incluindo fotocópias e gravação) ou arquivada em qualquer sistema ou banco de dados sem permissão escrita

Coleção
"Judaísmo e Cristianismo"

O Centro Cristão de Estudos Judaicos – CCDEJ (http://ccdej.org.br), dirigido pelos Religiosos de Nossa Senhora de Sion e mantido pelo Instituto Theodoro Ratisbonne, com a colaboração de associados cristãos e judeus, no espírito suscitado pela Declaração da Igreja Católica *Nostra Aetate* e suas ulteriores aplicações e desenvolvimentos, apresenta a coleção intitulada "Judaísmo e Cristianismo".

O objetivo desta coleção, ao publicar textos originais e traduções, é cultivar o conhecimento mútuo entre judeus e cristãos. Queremos, com isso, valorizar o enraizamento judaico das Sagradas Escrituras e o diálogo entre judeus e cristãos a partir do "patrimônio espiritual comum". Que esta coleção possa produzir cada vez mais frutos. Nisto consiste a vocação e o carisma de Sion na Igreja à serviço do Povo de Deus.

Através desta Coleção "Judaísmo e Cristianismo", o CCDEJ, junto com a Distribuidora Loyola/Edições *Fons Sapientiae*, apresentará pouco a pouco o pensamento e ação de alguns autores que contribuem para a difusão da Tradição de Israel e da Igreja.

São João Paulo II confirmou o ensinamento dos Bispos da Alemanha quando afirmou "quem se encontra com Jesus Cristo encontra-se com o Judaísmo"; e o mestre judeu Chalom Ben Horin dizia "a fé de Jesus nos une e a fé em Jesus nos separa".

Que esta coleção "Judaísmo e Cristianismo", graças, sobretudo ao "e", possa de fato significar e transmitir o "patrimônio comum", pela mútua estima, escuta da Palavra viva e diálogo fraterno.

Pe. Dr. Donizete Luiz Ribeiro, NDS
(Diretor Acadêmico do CCDEJ)

Sr. Jair Canizela *(in Memoriam)*
(Diretor Geral da Distribuidora Loyola)

Agradecimentos

Agradecemos primeiramente ao Eterno, bendito seja pelos séculos dos séculos. Ele nos sustenta com sua Palavra, "que se fez carne e habitou entre nós" (Jo 1,14).

Queremos aqui manifestar nossa gratidão ao Centro Cristão de Estudos Judaicos - SP. De forma especial, na pessoa do Diretor Acadêmico, padre Donizete Luiz Ribeiro, NDS, por seu incentivo em nossas pesquisas e sua amizade. Sempre nos provocando a novas possibilidades. Propôs e acolheu esse livro, que já havia anteriormente uma publicação autônoma com uma tiragem de 1000 exemplares (já esgotados), dentro da Coleção Judaísmo e Cristianismo. O que é motivo de muito orgulho e honra para nós, escritores. O Centro de Estudos verdadeiramente tem se constituído como lugar onde emana "uma nova maneira de ler as Escrituras e compreender o Cristianismo". Foi lá que recebemos valiosas informações e aprofundamos nossas pesquisas. Estendemos nossos agradecimentos ao professor Ir. Elio Passeto, NDS. Prontamente mostrou-se solícito para fazer uma leitura crítica do texto, nos auxiliando com preciosas observações. Ao padre Manoel Miranda, NDS, que nos autorizou a utilizar seus apontamentos, feitos em aulas. Essas por sua vez nos apresentaram as muitas disputas históricas envolvendo as relações entre judeus e cristãos. Ao querido amigo padre Fernando Gross, que gentilmente nos autorizou a usar parte de seu artigo publicado sobre os últimos três papas e o diálogo com o Judaísmo. A professora Lúcia Guilherme, auxiliando-nos com a importância de uma boa escrita e do bom uso da Língua Portuguesa. Existem muitas outras pessoas que no anonimato nos prestaram uma grande contribuição e por isso agradecemos. Vocês também fazem parte dessa história.

Enfim, agradecemos a você leitor, leitora, que ao ler nosso livro nos possibilita empreendermos uma caminhada juntos. Com o propósito de construirmos pontes e retirarmos os muros que ainda insistem em atrapalhar nosso caminho.

"Assim como a água faz as plantas crescerem, as palavras da Torá nutrem todos que trabalham com elas conforme sua necessidade" (Cântico dos Cânticos Rabbah).

Deus nos abençoe!

Marivan Soares Ramos & Marcio Matos

Sumário

APRESENTAÇÃO 11

PREFÁCIO 15

INTRODUÇÃO 17
    Nosso tempo 17
    O estudo leva à ação 19
    Conhecereis que são meus amigos 20
    Sobre a metodologia 21

CAPÍTULO I
QUEM ERAM OS FARISEUS 23
    1.1 O conhecimento derruba as muralhas do preconceito e constrói pontes de respeito .. 23
    1.2 Criando esteriótipo 27
    1.3 Origem dos fariseus 36
        1.3.1 O nome fariseu: "Sede santos, porque Eu o Senhor Vosso Deus sou Santo" 42

CAPÍTULO II
JESUS E OS FARISEUS 45
    2.1 Convergências no ensino 45
    2.2 Jesus, Mestre na interpretação da Lei 46
    2.3 Jesus e seus irmãos 50
    2.4 Os fariseus e o estudo da palavra de Deus 54
    2.5 Dois grandes Sábios fariseus 60
        2.5.1 Hillel 61
        2.5.2 Shammai 63
    2.6 Os ensinamentos de Hillel e de Shammai nos ensinamentos de Jesus 65
    2.7 Jesus, o Sábio de Nazaré 70
    2.8 Paulo, o Sábio de Tarso 74
    2.9 O Mestre dos mestres 75

CAPÍTULO III
JUDAÍSMO E CRISTIANISMO 83
    3.1 A fé de Jesus nos une ao Judaísmo 83
    3.2 O ensinamento dos padres da Igreja sobre os judeus e o Judaísmo 86
    3.3 Alguns Padres da Igreja e suas reflexões acerca dos judeus 88
        3.3.1 Justino e o diálogo com Trifon 88
        3.3.2 João Crisóstomo 90
    3.4 Lutero e sua relação com os judeus 93

3.5 Uma tragédia na história humana: a Shoah (Holocausto) 95
3.6 Concílio Vaticano II: um novo olhar ao povo judeu 97
    3.6.1 O Documento Nostra Aetate 97

CAPÍTULO IV
OS ÚLTIMOS TRÊS PAPAS E O DIÁLOGO COM O JUDAÍSMO 101
4.1 Papa João Paulo II e os Judeus 101
4.2 Bento XVI e os Judeus 104
4.3 Cardeal Jorge Bergoglio (papa Francisco) e os judeus 108
4.4 Francisco e os judeus 109
4.5 Alguns documentos cristãos e judaicos sobre o diálogo 110

CONSIDERAÇÕES FINAIS 113

ANEXOS 119

GLOSSÁRIO 121

REFERÊNCIAS BIBLIOGRÁFICAS 125

Apresentação

"Os escribas e os fariseus estão sentados na cátedra de Moisés. Portanto, fazei e observai tudo quando vos disserem" (Mt 23,1-3). Habitualmente se dá ênfase ao que segue na sequência do texto, criando uma oposição entre Jesus os "escribas" e "fariseus", porém uma leitura mais atenta desses versículos percebe-se que aqui está a chave da correta leitura para o texto que segue. Jesus está afirmando que os escribas e os fariseus ocupam o lugar legítimo, a Cátedra de Moisés. Eles representam os verdadeiros intérpretes da Palavra de Deus e, portanto, seus ensinamentos são verdadeiros e devem ser observados. O texto não nos autoriza a criar uma oposição, ao contrário, Jesus aprova seus ensinamentos, não se opõe a eles, Ele os confirma.

Esse livro que está sendo posto à disposição do público contribui de forma significativa para preencher a grande lacuna na compreensão da figura de Jesus e de seu contexto histórico-religioso. É patente a ausência de uma boa literatura que se ocupa seriamente desse tema e, infelizmente, as traduções de livros que chegam à língua portuguesa nem sempre pautam pelo critério de uma reflexão-estudo em que contemple os avanços feitos pelos documentos e ensinamentos atuais da Igreja.

A visão que se tem do período de Jesus é, em grande parte, caricaturada por informações imprecisas, transmitidas de geração em geração e que já foram superados pelos ensinamentos oficiais da Igreja e, no entanto, ainda persistem nas pregações, na catequese e mesmo nas salas de aulas das Faculdades de Teologia. Uma leitura, às vezes, fundamentalista dos textos do Novo Testamento situa Jesus, seus discípulos bem como seus ensinamentos, separados do seu contexto, de sua história e de seu povo. Uma tal compreensão põe em risco a própria encarnação. Como afirmou São João Paulo II: "Não levar em conta os elementos concretos da vida de Jesus, lugar do nascimento, sua cultura religiosa, seu povo, é opor-se à própria encarnação" (Simpósio, 29 outubro à 2 de novembro, Roma, 1997). Jesus é parte do plano de Deus na história, passando pela formação do povo judeu que é o receptor das promessas, da Palavra revelada e que portará ao mundo o Salvador da humanidade. É dentro dessa realidade querida por Deus que acontece a encarnação e é somente nesse contexto que ela pode ser entendida. Por isso o conhecimento do universo religioso judaico, no qual Jesus nasceu, cresceu, viveu sua vida de fé, exerceu seu ministério..., é a condição *sine qua non*, para a justa compreensão do Novo Testamento. No final de seu Evangelho João afirma: "Há, porém, muitas outras coisas que Jesus fez e que, se fossem escritas uma por uma, creio que o mundo não poderia conter os livros que se escreveriam" (Jo 21,15). Isso nos ensina que apenas uma pequena parte foi escrita, a porção maior permanece na sua oralidade que é o veículo natural de transmissão do ensinamento. Portanto, o texto não a única fonte, é necessário buscar no universo da oralidade outros ensinamentos de Jesus que não foram postos por escrito. O texto deve ser o pretexto para entrarmos na oralidade que o gerou.

Os autores, Marivan e Marcio, eu os conheci no contexto do estudo da Palavra de Deus que para eles se tornou norma de vida. Motivados pela busca do saber através da Palavra de Deus, eles mergulharam nas águas profundas do contexto religioso judaico no qual Jesus viveu e do qual Ele é parte. Aqui está um trabalho em conjunto que foi gestado no ambiente da escuta e da transmissão da Palavra. O livro abre janelas importantes para a compreensão do contexto da oralidade religiosa do período de Jesus e contempla os ensinamentos recentes da Igreja em que ela insiste que para se obter o verdadeiro conhecimento de Jesus e do Novo Testamento, faz-se necessário o conhecimento do Judaísmo e de sua interpretação das Escrituras.

Os autores comentam e explicam temas, conceitos e interpretações erroneamente entendidas, dando-lhes um novo e correto sentido, servindo-se para isso de uma ampla sabedoria do contexto judaico no tempo de Jesus que nem sempre é conhecida ou levada em conta.

Em uma primeira parte, o livro reflete mais longamente sobre uma concepção equivocada de ler e de entender Jesus em seu contexto judaico. Os autores mostram que a ausência de uma compreensão verdadeira de elementos importantes compromete definitivamente a correta compreensão do texto do Novo Testamento e por consequências o próprio ensinamento de Jesus e dos primeiros passos da história da Igreja.

Em seguida o livro trabalha as consequências de uma leitura imprecisa que marcou sobremaneira alguns Padres da Igreja que conduziram Jesus e seus ensinamentos fora de seus contextos naturais; uma vez que esses ensinamentos dos Padres utilizados mais tarde, em uma realidade política-social-religiosa em que a Igreja exerca um poder quase absoluto, em que o comportamento dos cristãos foi caracterizado longe do que se poderia esperar de um cristão em relação ao mundo e precisamente em relação ao povo judeu e ao Judaísmo.

No final os autores, de forma muito feliz, apresentam a nova fase da Igreja que se volta para suas raízes e redescobre Jesus e seus ensinamentos no seu próprio ambiente. Vários documentos apresentados confirmam o engajamento da Igreja e dos Papas pós Concilio Vaticano II na insistência, sem trégua, de que o verdadeiro conhecimento de Jesus supõe o conhecimento da realidade histórica e religiosa do seu povo, o povo Judeu. Como afirma o Cardeal Kurt Koch em sua conferência na Faculdade de teologia Angélico em Roma, maio, 2012:

> Nas últimas décadas o diálogo *ad extra* como o diálogo *ad intra* conduziram com claridade cada vez maior à compreensão de que os cristãos e os judeus são dependentes um do outro e o diálogo entre eles, para a teologia, não é uma questão de escolha senão uma obrigação.

Eu parabenizo ao Marivan e Marcio pelo bom trabalho feito em que amplia os ensinamentos da Igreja sobre a necessidade vital de conhecer o povo e a cultura de Jesus para melhor descobrir nossa própria fé cristã. Desejo aos dois, continuação nessa caminhada. Espero que o leitor (a) possa tirar proveito da leitura-estudo desse livro e ser motivado (a) a continuar na busca incansável de melhor conhecer a Palavra de Deus.

Ir. Me. Elio Passeto, nds.
Jerusalém - Israel

Prefácio

Os autores deste livro JESUS, O MESTRE ENTRE OS SÁBIOS, sabem ouvir a Tradição e buscam aqui colocar em prática o que nos pede a Igreja Católica em sua declaração *Nostra Aetate*:

> Sendo, pois tão grande o **patrimônio comum** aos Cristãos e Judeus, este Sacrossanto Concílio quer fomentar e recomendar a ambas as partes **mútuo conhecimento e apreço**. Poderá ele ser obtido principalmente pelos **estudos bíblicos e teológicos** e ainda por **diálogos fraternos**. (nº 4)

Conhecimento mútuo, combate aos preconceitos, apresentação positiva da imagem do outro, reconhecimento das raízes que nos alimentam..., essas são algumas das razões que motivam Marivan Soares Ramos e Marcio Matos a escreverem este livro e devem também nos motivar a lê-lo para melhor conhecer o Mestre e Sábio entre os mestres e sábios de Israel.

Hillel dizia: "*Al tifrosh minhatsibur*: não abandones a comunidade". Quer seja Israel, quer seja a Igreja, devemos escutar sempre a Comunidade, a Tradição de Israel e da Igreja que nos educa e nos conduz a sermos mais humanos, criados a imagem e semelhança de Deus.

O Talmud de Jerusalém, no seu tratado sobre as Bênçãos- ***Berakhot* 9,7** – nos lembra que:

> há sete tipos de fariseus: 1) aquele que aceita a Lei (a Torá) como um fardo; 2) aquele que age por interesse; 3) aquele que trafica a balança; 4) aquele que economiza para se ostentar; 5) aquele que quer uma boa ação para cumprir; 6) aquele que age por temor e 7) aquele que age inspirado pelo Amor.

Isto posto, pode haver também no Cristianismo sete ou mais tipos de cristãos. Cabe a cada um de nós ouvir e perscrutar nosso coração para assumir nossa identidade: somos tementes a Deus ou interesseiros? Agimos por Amor ou por egoísmo?

"Digas-me com quem andas e te direi quem és!" Andemos, portanto, com bons livros, escutemos bons mestres e seremos certamente melhores humanos e mais cristãos.

Que este livro ajude cada um a caminhar na escuta de Deus, através da *auditio* de sua palavra, sustentada pela Tradição de Israel e da Igreja.

Pe. Dr. Donizete Luiz Ribeiro, nds

Introdução

Nosso tempo

Este livro é uma tentativa de gerar, no ouvinte/leitor, uma busca de superação dos preconceitos e modelos convencionais no campo da religião. Isto por conta de certas leituras equivocadas seja em perspectiva histórica, ou bíblica. Pois estas criaram estruturas extremamente rígidas de indiferenças e inimizades entre populações e gerações. Provocadas por diferentes visões religiosas que são inaceitáveis para nosso tempo.

Seja ainda lembrado, que nossa proposta é apenas de colaborar com a discussão e que não se tem a pretensão de esgotar o assunto ou encerrar os debates em torno do tema, pois estes devem nortear nossa vida em todas as áreas. Cujo objetivo é nos ajudar a descobrir coisas que antes eram ocultas aos olhos e ao coração.

Os fariseus, um dos mais importantes grupos religiosos no tempo de Jesus, foram vistos ao longo dos séculos através de uma perspectiva distorcida. Fruto de certa ignorância, com muito desprezo, ódio e ironia, de um modo especial por nós cristãos.

Sobre essa questão ouçamos uma voz judaica, que nos últimos anos tem sido importante referência no diálogo Católico-Judaico na França, Rabino Philippe Haddad. Em seu livro: **Como Jesus lia a Torá: Sair do mal-entendido entre Jesus e os fariseus,** XXº livro da Coleção Judaísmo e Cristianismo, obra traduzida do francês. Assim ele discorre sobre Jesus e os fariseus:

> Hoje, conferências e livros são dedicados aos fariseus. Por meio de nosso livro, que faz parte de nossa coleção de uma leitura judaica dos Evan-

gelhos, gostaríamos de dar nossa modesta contribuição, na esperança de exclarecer alguns mal-entendidos. Atualmente, as relações entre judeus e cristãos revelam uma grande maturidade de escuta, compreensão e boa vontade para construir a casa da Fraternidade. Dois sinais dessa maturidade: muitos pesquisadores do mundo judaico (acadêmicos, rabinos, independentes) leem os Evangelhos e os comentam, ouvem os ensinamentos de Jesus, concordam, questionam ou criticam, mas sempre com cortesia; muitos cristãos (padres, pastores, fiéis) sentem um verdadeiro mal-estar diante dessas histórias evangélicas onde fariseus e os judeus são vilipendiados sem nenhuma moderação.

Romper com essa ignorância que gera preconceitos, foi nossa motivação para escrevermos este livro. Consoante com o ensinamento da Igreja, que nos últimos sessenta anos debruça-se com cuidado e carinho, tal qual uma mãe faz com seu filho (a), em busca de melhor compreensão. Sobretudo em suas relações interreligiosas, de modo particular com o Judaísmo.

O entendimento dos textos bíblicos, diferente do que muitas pessoas pensam, não nos fornece respostas prontas e acabadas. Pelo contrário! A Sagrada Escritura frequentemente provoca, questiona e suscita, em seus leitores (as), o seu verdadeiro propósito. Ou seja, o encontro do sagrado com o humano. Dessa forma, nos inquietando e mexendo com nossas ideias pré-concebidas.

Em tempos de intolerância e de negação do diferente, se faz urgente romper com essas fórmulas mentais que geram dolorosas experiências em nosso cotidiano. A fim de criarmos uma nova cultura marcada pela geração do amor, da paz e da comunhão. Bem nos adverte o profeta Isaías, só nos encontraremos com a paz à medida que nos afastarmos das injustiças, pois a paz é fruto da justiça (Is 32,17).

A importante Declaração Conciliar da Igreja Católica *Nostra Aetate*, de modo particular em seu nº 4, estimula toda Igreja a se encontrar com suas raízes, isto é, suas origens através dos estudos bíblicos e teológicos. Promovendo também um diálogo fraterno, com nossos irmãos mais velhos, os judeus, como nos ensinou o papa São João Paulo II.

Não temos a menor dúvida de que a Bíblia é a Palavra de Deus!

O estudo leva à ação

Todavia, é nossa missão, como evangelizadores e pregadores desta Palavra, perscrutá-la, aplicar ela em nossa vida, pois não há melhor coisa a se fazer nesta vida do que poder se ocupar dela. Assim nos ensina a tradição rabínica:

> Ben Bag Bag disse: 'Mergulhe (na Palavra de Deus) e continue a se aprofundar por tudo que nela há; olhe profundamente dentro dela, envelheça e gaste seus dias com ela, e não se afaste dela, pois você não terá nada que a supere'. (*Pirkei Abot*, 4,21)

Desse modo, faz-se necessário empreender todo esforço para extrair o melhor sentido do texto bíblico. Com o firme desejo de comunicar a mensagem divina com honestidade e exatidão. Esse esforço se dá através do estudo do texto sagrado, pois o estudo fundamenta nossa ação. Ou nas palavras de Lenhardt e Collin: "é necessário estudar, informar e formar-se. A prática sem estudo não é segura. Como disse o Rabi Aquiba em Yavné: 'O estudo é muito importante, pois leva à ação'" (LENHARDT; COLLIN, 1997, p. 32-33).

Estudar o contexto histórico do Novo Testamento é condição indispensável para se conhecer as relações que perpassam os textos. Todavia, esse contexto não é explicado através dos textos bíblicos, pois os autógrafos comunicaram uma realidade muito conhecida para as pessoas de seu tempo. Entretanto, para nós, esse conhecimento torna-se um grande desafio. Devido a nossa distância temporal, histórica, idiomática e cultural. Nesse sentido, nos valemos de conhecimentos adquiridos de outros saberes, pois esses nos ajudam a compreender e entender as relações históricas, com suas características culturais próprias daquela época.

O estudo sério das Sagradas Escrituras, aliado aos métodos corretos, quando bem aplicados, devem minimizar os possíveis erros e assegurar uma melhor autenticidade da mensagem dos textos.

Com todos esses pressupostos assimilados, propomos uma reflexão, acerca dos fariseus. Levando em conta os novos métodos interpretativos dos textos bíblicos e uma nova abordagem histórica desse grupo.

Que influenciou de modo positivo os ensinamentos de *Jesus, o Mestre entre os Sábios*.

Conhecereis que são meus amigos

Os fariseus eram homens extremamente importantes para seu povo e sua fé. Devido a sua perseverança na esperança de que Deus nunca os abandonaria. Graças a esse grupo, Israel nunca se esqueceu de seu Deus e da Aliança que Ele outrora estabelecera com seu povo.

Esses homens foram indevidamente associados como sinônimo de hipocrisia e falsidade. Associações como essas são perigosas. Recortes textuais, ou históricos, sem levar em consideração uma leitura atenta do texto, desconexas de certos métodos de leitura e abordagem, pode-se criar uma falsa compreensão. Esta por sua vez, seguirá uma lógica de certas ideologias contrárias aos autênticos eventos históricos. Com isso provocando grandes prejuízos. Não só em relação ao texto, mas, sobretudo, aos personagens bíblicos, pois esses são reais.

Não é lícito criar uma imagem negativa dos fariseus por conta de certos debates de cunho teológicos, estabelecidos com Jesus de Nazaré. Ainda mais quando se sabe que esses debates fazem parte da cultura do povo de Israel. Portanto, debater não deve ser entendido como sinônimo de criar rivalidades, inimizades ou animosidades, mas sim, o desejo de buscar a melhor compreensão para viver a Palavra de Deus.

O texto do Evangelho segundo Mateus 23,13-36, onde se encontram os "sete ais" de Jesus aos fariseus, apresenta-se como um "universo de insultos e ultrajes que desconcertam não apenas o judeu que os leria pela primeira vez, mas também os cristãos empenhados no diálogo com a sinagoga" (HADDAD, 2022, XX livro da Coleção Judaísmo e Cristianismo, p. 122). Esse texto não pode ser entendido como um recado violento de Jesus contra esse grupo. Ou ainda, de uma demonstração de como esse grupo era profundamente oposto a Jesus e de seus ensinamentos. Pensamos justamente o contrário de tudo isso. Será o próprio Jesus que assegurará aos seus seguidores, sobre a importância desse grupo. Ainda mais, segundo Jesus, os fariseus tem a legitimidade de ensinar corretamente a Palavra de Deus ao povo. Ouçamos as palavras de Jesus sobre eles: "estão sentados na cátedra de Moisés. Portanto, fazei tudo quanto vos disserem" (Mt 23,2-3).

O texto mencionado acima, segundo nossa compreensão, antes de pretender criar uma animosidade entre Jesus e os fariseus, nos parece girar em torno de uma crise de identidades (SCARDELAI, 2021, p. 41-57), entre grupos sobreviventes ao grande massacre imposto pelos romanos, por volta dos anos 70 d.C.. Se por um lado, tem-se um grupo dentro do Judaísmo, farisaico/rabínico, que busca recuperar suas tradições para garantir sua identidade e, portanto, continuar sua história. Por outro lado, emerge outro grupo dentro do Judaísmo, conhecido como seguidores do Caminho (At 9,2), os cristãos, que busca criar sua identidade e, com isso, uma prática que o legitime como autêntico grupo, gerando uma nova doutrina religiosa.

Sobre a metodologia

A metodologia adotada para o desenvolvimento da escrita e, consequentemente, para a compreensão desse livro é bem simples. O tema desenvolve-se em quatro capítulos e, dentro de cada um deles, pequenos tópicos, como força argumentativa. No primeiro capítulo fala-se sobre **quem foram os Fariseus.** Do ponto de vista de seu surgimento histórico, passando pelos estereótipos que associados a esse grupo ao longo dos séculos, e de que maneira seu nome está ligado a uma mentalidade na busca da santidade. No segundo capítulo fala-se sobre **Jesus e os Fariseus.** A tentativa é de demonstrar uma aproximação histórica e teológica entre Jesus e os fariseus. Para tal propósito discorrer-se-á sobre a convergência entre os ensinos de Jesus e os fariseus. O desejo de ambos personagens, é de aplicar sua vida ao estudo da Palavra de Deus e consequentemente uma sabedoria que desse estudo é extraída, pois o contato diário com a Palavra de Deus, nos faz criar nova mentalidade. Foi assim que aconteceu com os fariseus e, também com Paulo (Saulo), o fariseu. Neste sentido, Jesus é o Mestre por excelência, ele é o Deus humanado que vivenciou profundamente sua fé, sua cultura e levou a radicalidade a experiência da vida humana. Já no terceiro capítulo abordar-se-á a dimensão histórica das relações entre **Judaísmo e Cris-**

tianismo. A partir da abordagem histórico-crítica, perceber-se-á como pouco a pouco o Cristianismo vai se distanciando do Judaísmo. E como essa separação se alimentará através de alguns discursos de homens influentes no mundo cristão. Por fim, no quarto capítulo, nosso olhar se voltará para os últimos cinquenta anos da história. Apresentaremos de que modo, **Os últimos três papas e o diálogo com o Judaísmo**, está sendo reestabelecido. Para tal finalidade apresentar-se-á alguns discursos e ensinamentos promovidos pelos papas João Paulo II, Bento XVI e o atual Papa Francisco. Também será apresentado, ainda neste capítulo, uma lista de importantes documentos e declarações entre judeus e cristãos, sobre a fraternidade que anima a aproximação dos mesmos e, o que se espera deste relacionamento para um futuro melhor. Devido a ocorrência de algumas palavras hebraicas e a importância de seus sentidos para a compreensão dos textos, essas por sua vez, em geral, tendo seu sentido desconhecido por quem não conhece a cultura judaica, oferecer-se-á um breve glossário ao final do livro.

Rogamos a Deus que o estudo de Sua Palavra "atravesse" a vida e inspire a boas ações a todos e todas que dela se aproximarem.

Essa Palavra deve ser nosso alimento diário e necessário. Seja aqui lembrado o ensinamento rabínico: "Shimon, o Justo, estava entre os sobreviventes da Grande Assembleia. Costumava dizer: 'O mundo apoia-se em três coisas, o estudo da Palavra de Deus, o serviço religioso (culto) de Deus, e as boas ações'" (*Pirkei Abot* 1,2).

Sejamos dóceis ao chamado de Deus em nossa vida e deixemos ser guiados por seu Espírito que nos anima na prática do amor. Assim a Igreja, nossa mãe, nos ensina: "a fé é a resposta do homem a Deus que se revela e a ele se doa, trazendo ao mesmo tempo uma luz superabundante ao homem em busca do seu sentido último da sua vida" (CIC, 26).

Tendo como orientação o estudo das Escrituras que nos possibilita ouvir a voz de Deus, buscando assim viver Sua vontade, em santidade, na vida. Deixemos que essa Palavra nos envolva e seduza-nos (Jr 20,7). Todavia, sem estreiteza de visão e livres de preconceitos, mas sim, com espírito de abertura para conhecer novas manifestações de Deus em sua criação na história.

Deus se revela na simplicidade!

CAPÍTULO I

Quem eram os fariseus

1.1 O conhecimento derruba as muralhas do preconceito e constrói pontes de respeito

Deve-se considerar que embora exista, de modo geral, no meio cristão um total desinteresse pela história do farisaísmo, é notório a importância desse grupo para a manutenção da fé de Israel. Em momentos decisivos foram eles, os fariseus, que com sua resistência, piedade e autêntica religiosidade ajudaram o povo a vencer suas dúvidas, descrenças e continuar resistentes e firmes na fé do "Deus de Abraão, o Deus de Isaac e o Deus de Jacó" (Ex 4,5).

Não se pode negar o fato de que desde tempos antigos o Cristianismo cultivou uma certa indiferença ao Judaísmo e isso, em grande medida, foi corroborado por uma teologia da substituição. Ou seja, onde se dizia que o Judaísmo havia sido substituído pelo Cristianismo. Pois o Cristianismo agora seria o verdadeiro povo de Deus. Isso por extensão significa dizer que Deus havia substituído Israel pela Igreja, segundo esse pensamento. Agora a Igreja tornara-se o verdadeiro Israel, pois acolhera o Messias de Deus. Enquanto a sinagoga o havia desprezado. Deve-se saber que a sinagoga era o lugar por excelência do farisaísmo, logo, embora houvesse diversos grupos religiosos na época de Jesus, o Judaísmo por vezes confundia-se com o próprio farisaísmo (Mc 7,3).[1]

---

[1] No período de Jesus os grupos religiosos mais importantes eram os seguintes: fariseus, saduceus, essênios, zelotes (sicários) e os batistas. Para aprofundar o assunto cf. MATEOS, J.; CAMACHO, F. **Jesus e a sociedade de seu tempo**; NETO, Willibaldo R. **As religiões no tempo de Jesus**; SCARDELAI, Donizete. **Da Religião Bíblica ao judaísmo rabínico**; SALDARINI, Anthony. **Fariseus, Escribas e Saduceus na sociedade Palestinense**; SKARSAUNE, Oskar. **À sombra do Templo**.

Portanto, segundo essa mentalidade, da teologia da substituição, a sinagoga perdeu seu lugar para a Igreja. A sinagoga, portanto, teria sido suplantada pela Igreja. Percebe-se bem essa mentalidade em uma imagem no Portal da Catedral de Estrasburgo, França, de 1230.[2]

É quase unânime, entre os cristãos, a ideia que se tem sobre os fariseus. Eles, segundo uma concepção equivocada, eram verdadeiramente os adversários de Jesus e como tal deveriam ser tratados pelos cristãos. Ou seja, com desrespeito, e mesmo com certo desprezo. Uma vez que não acolheram aquele que para os cristãos é reconhecido como Deus humanado. Nesta perspectiva, quase não existe possibilidade de aproximação entre os seguidores de Jesus e os fariseus. Parece haver uma incompatibilidade entre ambos. O curioso é que isto ocorre mesmo Jesus tendo mandando seus seguidores amarem seus inimigos e, portanto, sendo esse um dos mandamentos do Cristianismo: "Amai os vossos inimigos" (Mc 6,27). Esse mandamento parece não ter força para os partidários do farisaísmo e por extensão aos judeus.[3]

Ecoa em nossos seletos ouvidos a dura frase de Jesus dirigida aos fariseus: "Ai de vós escribas e fariseus hipócritas" (Mt 23,13). Essa fala, atribuída a Jesus, pareceu sintetizar todo o pensamento do Cristianismo e, por conta de uma interpretação fundamentalista aliada a uma total ignorância, gerou ao longo de muitos e terríveis séculos, obscurantismo nas relações entre cristãos e judeus. O que infelizmente culminou com a prática do antissemitismo e isso reforçou cada vez mais a separação entre cristãos e judeus.[4] O fato é que longe de serem adversários dos cristãos, os judeus são nossos irmãos mais velhos, como bem nos lembrou o sumo pontífice São João Paulo II por ocasião da sua visita a sinagoga de Roma: "Vós sois nossos irmãos prediletos e, pode-se dizer

---

[2] Cf. Anexos, figura 1, p. 95.
[3] Vale lembrar que embora muitos associem o Judaísmo rabínico (farisaísmo) com o Judaísmo, não se deva reduzi-lo somente a esse grupo, como explica Scardelai: "A rigor, não se deve conceber o judaísmo rabínico como sinônimo de religião bíblica, e muito menos um prolongamento linear, literal ou evolutivo da religião do Israel bíblico" (2008, p. 130).
[4] Antissemitismo é o ódio e preconceito que se tem pelos judeus. Entre muitas definições que HENRÍ LÉVI descreve em seu livro sobre o antissemitismo, essa parece muito apropriada para o momento em que se vive: "o antissemitismo é um delírio muito especial que sempre teve como uma de suas particularidades, em todas as etapas de sua história, o fato de escolher as palavras certas para conferir à sua irracionalidade uma aparência de razão" (2018, p. 18).

nossos irmãos mais velhos" (Conferência proferida pelo Cardeal Kurt KOCH in: RIBEIRO; RAMOS, 2019, p. 21).

Faz-se necessário, apresentar a importância dos ensinamentos dos fariseus dentro do Judaísmo e suas influências nos ensinamentos de Jesus. Que foi capaz de aprender com esse grupo e até mesmo de transmitir sua mensagem de modo semelhante à deles, como nos lembra o Catecismo da Igreja: "Jesus apareceu aos olhos dos judeus e de seus chefes espirituais como um "rabi". Com frequência argumentou na linha da interpretação rabínica da Lei" (CIC 581). Ao perceber essa aproximação de Jesus com o grupo de fariseus, cresce em nossa consciência, a injustiça com a qual foi tratada a questão. Neste caso, temos então uma dívida com esse grupo. Esta obra busca prestar certo reconhecimento a esses homens da Palavra de Deus. Com sua fé e esperança em Deus, suportaram e ensinaram a acreditar na ação de Deus na história. Com isso ajudaram essa mesma fé chegar até nossos dias. Por isso e por muito mais, esse grupo tanto merece nosso respeito e gratidão. O que por séculos foi negado e negligenciado. Neste sentido, convidamos nosso ouvinte/leitor, como diz Malca e Miranda: "a participar da reparação de uma enorme injustiça, fruto de dois mil anos de desinformação e ignorância, em parte propiciadas pelo amargo veneno do antissemitismo" (2001, p. 18). Emblemática é a imagem esculpida pelo artista Joshua Koffman, para marcar o 50º aniversário da Declaração *Nostra Aetate*. Essa nova mentalidade é marcada pelo respeito e apreço entre Judeus e Cristãos.[5]

O grande problema para uma equivocada visão dos fariseus é acreditar que os textos evangélicos se tornam fontes exclusivas, únicas para compreensão desse importante grupo religioso. Todavia, hoje pode-se contar com outras importantes fontes que apresentam um outro olhar para esse grupo. Ajudando-nos, dessa forma, na busca de um melhor entendimento. Ou seja, de como eles pensavam e agiam em meio a sociedade de seu tempo, como, por exemplo, o historiador judeu Flávio Josefo, além da própria literatura judaica do período, a saber: *Mishná* e *Talmud*.[6]

---

[5] Cf. Anexos, figura 2, p. 95
[6] Mishná é a tradição oral de Israel que foi compilado por volta do século II d.C. Já a literatura talmúdica é mais vasta, pois trata-se dos grandes comentários da tradição escrita e oral.

O Evangelho: narrativas de convivência, respeito e tolerância

É necessário também levar em consideração certas dificuldades que os Evangelhos nos apresentam em relação ao povo judeu. Lembrando que os "Evangelhos são o fruto de um trabalho redacional longo e complicado" (Diálogo da Igreja Católica com o Judaísmo, In: Notas para uma correta apresentação dos judeus e do judaísmo na pregação e na catequese da Igreja Católica, p. 34-35). Ou ainda, como nos ensina a constituição dogmática *Dei Verbum* (nº 19), que distingue três importantes etapas dentro do processo de redação dos textos evangélicos que podem ser sintetizados da seguinte forma:

1) Selecionando algumas das coisas que tinham sido transmitidas de boca em boca ou por escrito;
2) Reduzindo algumas através de uma síntese;
3) Explicando outras em vista da situação das Igrejas e preservando a forma de proclamação.

Neste sentido, ao observar as narrativas evangélicas citando grupos religiosos, percebe-se certas mudanças em relação ao nome desses grupos.[7] Portanto, acreditamos que o motivo para isso não seja meramente "à complexidade da religião judaica no tempo de Jesus" (NETO, 2019, p. 18). Mas principalmente motivações históricas no momento da redação do texto bíblico. Como nota-se, por exemplo, na troca de nomes de grupos feitas em narrativas paralelas, no caso Marcos e Mateus. Em Marcos o sujeito dos conflitos com Jesus são os escribas (3,22; 12,28; 12,35), mas para Mateus os fariseus assumem o protagonismo (respectivamente 12,24; 22,34; 22,41). Por isso, acreditamos que para desfazer más interpretações, em relação aos grupos religiosos no tempo de Jesus, a questão não passa apenas "pela complexidade da religião judaica no tempo de Jesus" (NETO, 2019, p. 18), mas além disso, é determinante o conhecimento do contexto histórico e a aplicação das abordagens sincrônica e/ou diacrônica para leitura e boa compreensão dos textos.

Existem dois Talmudim (plural de Talmud), o de Jerusalém escrito por volta do século II d.C., e o da Babilônia escrito no século V d.C.

[7] NETO, argumenta da seguinte forma a troca deliberada de alguns grupos religiosos feitas pelos evangelistas: "Em algumas situações, os próprios evangelistas parecem ser perder no meio de tantos grupos religiosos" (2019, p. 1).

A propósito disso, Miranda e Malca afirmam: "Hoje, entre historiadores e estudiosos dos textos bíblicos, o reconhecimento é geral: os evangelhos não constituem uma fonte confiável para o conhecimento e a compreensão do significado do farisaísmo para Israel", pois, continua os autores: "o retrato dos fariseus nos evangelhos é negativo e depreciativo, reflexo de querelas tardias entre as comunidades cristãs e judaicas" (2001, p. 22).

Seguramente sabe-se hoje que a visão transmitida pelos Evangelhos, como afirmou-se acima, em relação aos fariseus, vem de conflitos tardios entre as comunidades judaicas e cristãs (OVERMAN, 1997, p. 13-17). Sobretudo a comunidade de Mateus, pois essa buscava responder de maneira legítima ao chamado do Deus de Israel. Neste sentido, por conta desse conflito, a imagem dos fariseus não poderia ser outra, senão a de um grupo perverso, mesquinho e inimigo do Evangelho de Cristo.

Faz-se necessário o desejo de conhecer a fundo a Palavra de Deus e não se contentar com uma leitura superficial, ou pior, preconceituosa que faz com que a Palavra amorosa de Deus se torne arma de raiva e ódio, como bem nos alerta Collin e Lenhardt:

> Somente uma leitura superficial do Novo Testamento, dissociada de seu contexto e de suas raízes, pôde fazer crer serem eles (os fariseus) hipócritas e corrompidos e, por esse motivo, duramente criticados, quase "excomungados" por Jesus. (1994, p. 12)

1.2 Criando esteriótipo

Em torno da figura dos fariseus foi criado um estereótipo carregado de preconceitos e rótulos por conta de uma interpretação fundamentalista dos Evangelhos.

Vale a pena conferir o significado do vocábulo estereótipo, segundo o dicionário:

> Padrão estabelecido pelo senso comum e baseado na ausência de conhecimento sobre o assunto em questão. Concepção baseada em ideias preconcebidas sobre algo ou alguém, sem o seu conhecimento real, geralmente de cunho preconceituoso ou repleto de afirmações gerais e inverdades. (Dicio, dicionário online de português)

Ou seja, o total desconhecimento a respeito de quem realmente foram os fariseus criou inúmeras inverdades a respeito deles. Tomando apenas algumas poucas afirmações dos evangelhos, de forma literal como sendo fatos históricos, sem considerar em momento algum o contexto em que os textos foram escritos. Criou-se, portanto, uma falsa imagem sobre o assunto. Tão pouco se levou em conta os males que se originariam a partir dessa interpretação equivocada, o antissemitismo vivo até hoje nos meios cristãos é fruto disso.

Semelhantes críticas como as que Jesus fez a alguns fariseus, encontram-se também no *Talmud* por outros rabinos Era uma dinâmica natural na cultura dos rabinos intensos debates em torno da vivência da Torá. Fariseus criticavam constantemente fariseus, como dito, essa dinâmica, do debate em torno da Palavra de Deus, era perfeitamente cabível. Logo a divergência e a crítica, dentro da cultura e da conduta dos mestres fariseus na época de Jesus, eram legítimas. Jesus não foge à regra, mesmo tendo ele uma sabedoria superior, por ser o Filho de Deus, encaixa-se no contexto humano para nos ensinar com uma linguagem da qual sejamos capazes de compreender.

Segundo Winter: "havia muitas divisões entre o povo judeu no tempo de Jesus. Mas nenhum partido religioso negava a qualquer outro partido o direito de propagar seu ensinamento" (1998, p. 248).

O que os ouvidos escutam o coração sente

Portanto, presumir uma inimizade visceral entre Jesus e os fariseus e uma total incompatibilidade entre seus ensinamentos é, no mínimo, fazer uma leitura fundamentalista dos textos sem a compreensão de seu contexto e ao mesmo tempo considerando os evangelhos como relatos biográficos e históricos. O que não é verdade.

Faz-se necessário ponderar que os evangelistas estão escrevendo textos de conteúdo teológico, com um claro objetivo de demonstrar quem é Jesus e proclamar de forma apologética sua morte e ressurreição. Levando em conta a tradição, mas ao mesmo tempo são influenciados por seu próprio período cultural e histórico em que existem divisões acontecendo entre a comunidade judaica e as primeiras comunidades cristãs. Negar isso é não fazer uma leitura honesta do texto.

Nenhuma consideração biográfica ou histórica afetou a diretriz dos escritores: tudo é visto a partir do cimo do Gólgota. Portanto, nenhuma informação biográfica ou histórica pode ser retirada da ordem dos temas relativos à sequência cronológica dos acontecimentos da vida de Jesus. Não foi uma abordagem histórica, e sim um objetivo teológico, o que justificou a estrutura que sustenta e reúne as diferentes partes do Evangelho de Marcos, o mais antigo dos quatro. (WINTER, 1998, p. 221)

Segundo Winter é possível tomar, por exemplo, o evangelho segundo João e observar que tendo sido escrito por volta dos anos 90 d.C. em momento algum o evangelho elenca, entre os inimigos de Jesus os saduceus. É de se estranhar já que eles controlavam as atividades no Templo, e eram os detentores do poder político junto aos romanos. Grupo dominante no tempo de Jesus, e que transitavam pela corte sendo eles os responsáveis de fato por entregar Jesus às autoridades romanas. O que nos leva a pergunta, por que afinal não são sequer elencados entre os inimigos de Jesus?

A resposta pode ser que quando o evangelho, segundo João, foi escrito já não existiam mais o grupo dos saduceus e o Templo já havia sido destruído em 70 d.C. Com a destruição do Templo desapareceu a classe sacerdotal restando agora, como lideranças judaicas, os fariseus que vão dar origem ao movimento rabínico. João e sua comunidade agora se encontram diante de pressões e perseguições romanas e existe uma delimitação se formando no Judaísmo. O que viria a ser o Cristianismo. Isso por sua vez, provoca acusações e divergências. O que o evangelista faz, é colocar a culpa nos fariseus pelos acontecimentos que culminaram com a morte do Senhor por uma conveniência apologética. Tanto que nos evangelhos sinóticos se evita essa ideia de que os fariseus contribuíram para a morte de Jesus. Flusser, em seguida, relaciona situações em que membros do grupo farisaico agiram em benefício dos *neo* cristãos:

> Se lembrarmos o papel que os fariseus desempenharam nas primeiras décadas da Igreja Cristã, fica mais claro o motivo pelo qual não só os relatos originais como também os três primeiros evangelhos, evitam mencionar os fariseus na história do julgamento de Jesus. Quando os apóstolos foram

perseguidos pelo sumo sacerdote saduceu, Rabban Gamaliel tomou o seu partido e os salvou (At 5,17-42). Quando Paulo foi levado a comparecer perante o Sinédrio em Jerusalém, encontrou solidariedade entre seus ouvintes ao apelar para os fariseus (At 22,30; 23,10). Quando Tiago, o irmão do Senhor, e aparentemente outros cristãos, foram condenados ilegalmente a morte em 62 d.C., pelo sumo-sacerdote saduceu, os fariseus apelaram ao rei e o sumo-sacerdote foi destituído. (FLUSSER, 1998, p. 48-49)

Serão todos os homens responsáveis pela morte de Jesus?

Quando se pergunta: Quem afinal matou Jesus? A resposta que se mostra como consequência de uma interpretação literal, superficial dos textos e séculos de preconceito normalmente costuma ser: "Os judeus mataram Jesus", porém isso não corresponde à realidade. É preciso lembrar que naquele momento a Judéia estava sob o domínio romano, as leis em vigor eram romanas e, apesar do Sinédrio ainda existir e ser o responsável pelo cumprimento da legislação judaica tinha pouco poder de decisão. Tão somente julgavam questões religiosas. O sumo sacerdote nesse período não era autônomo, mas indicado pelo governador romano e nem sequer suas insígnias, que indicavam que ele era o sumo sacerdote, ficavam com ele e sim sob a guarda do governador. Estas só lhe eram cedidas por ocasiões de festas e depois devolvidas para demonstrar de forma clara que sua autoridade era submissa ao preposto romano. O mesmo ainda podia ser destituído pelo governador, se não lhe fosse do agrado, ou se lhe causasse qualquer problema. Quanto às questões políticas, ou de manutenção da lei e da ordem eram todas romanas. Jesus é julgado pelo Sinédrio e aparentemente condenado por blasfêmia, porém a lei judaica mandava que os condenados por tal crime fossem apedrejados imediatamente o que não ocorreu.

> Conforme o segundo evangelho, Jesus foi considerado culpado de blasfêmia; o Conselho decidiu por unanimidade que ele merecia a morte. A pena por blasfêmia é descrita em Lv 24,16 e em Mishiná Sanh vii 4: Morte por apedrejamento. Entretanto, os membros do tribunal que condenou Jesus não tomam qualquer atitude com relação ao que decidiram; o Conselho volta a se reunir pela manhã (Mc 15,1a) e procede como se nada tivesse

acontecido na noite anterior. O resultado dos trabalhos dessa manhã é a extradição de Jesus a Pilatos, para ser julgado. Contudo, é impossível entender, em Marcos, por que Jesus foi a julgamento perante Pilatos se ele já tinha sido julgado e condenado pelo Sinédrio. (WINTER, 1998, p. 65)

Lavar as mãos: gesto de covardia

A atitude de Pilatos lavando as mãos (Mt 27,24), parece manter certa incoerência, pois os evangelhos mostram um personagem diferente do Pilatos histórico. Isso acontece porque existe um contexto quando os evangelhos são escritos e que não é considerado na interpretação de quem assim o faz. O controverso personagem Pôncio Pilatos é um dos mais distorcidos no contexto dos evangelhos. Ele era um homem cruel, determinado e profundamente desprendido de qualquer pudor. Tanto Filo de Alexandria quanto Flávio Josefo o descrevem como alguém cruel e inflexível. Vejamos o que Filo de Alexandria diz dele:

> Era um homem de uma disposição inflexível obstinada e cruel" Filo também enumerou os sete pecados de Pilatos, "sua venalidade, sua violência, sua ladroagem, suas agressões, seu comportamento abusivo suas execuções frequentes de prisioneiros sem nenhum julgamento, e sua ferocidade infinita". Certa vez, numa conversa particular, um erudito do Novo Testamento, competente e sucintamente descreveu Pilatos. Disse que ele era "um açougueiro". (WINTER, 1998, p. 125)

Por sua vez, Flavio Josefo diz o seguinte:

> Vendo que Pilatos, que era de natureza violenta e teimoso, o que está muito distante de ser o personagem inseguro incapaz de se posicionar lavando as mãos diante de um julgamento que era todo seu, ele nunca pretendeu soltar Jesus, afinal, ainda segundo ele era um homem conhecido por causa de suas: [...] concussões, de suas injustiças e de sua horrível crueldade, que fazia sofrer tantos inocentes e custava mesmo a vida a vários. (JOSEFO, 2015, p. 1560)

O próprio historiador Josefo ao comentar sobre o surgimento de Jesus acaba por mencionar a sentença de Pilatos:

Nesse mesmo tempo, apareceu JESUS, que era um homem sábio, se é que podemos considerá-lo simplesmente um homem, tão admiráveis eram as suas obras. Ele ensinava os que tinham prazer em ser instruídos na verdade e foi seguido não somente por muito judeus, mas também por muitos gentios. Ele era o CRISTO. Os mais ilustres dentre os de nossa nação acusaram-no perante Pilatos, e este ordenou que o crucificassem. Os que o haviam amado durante a sua vida não o abandonaram depois da morte. Ele lhes apareceu ressuscitado e vivo no terceiro dia, como os santos profetas haviam predito, dizendo também que ele faria muitos outros milagres. É dele que os cristãos, os quais vemos ainda hoje, tiraram o seu nome. (JOSEFO, 2015, p. 832)

Então surgem algumas perguntas. Qual o propósito dessa descrição de Pilatos? Como alguém tão inseguro e frágil, segundo a narrativa, chegando a ser patético, com seu gesto de lavar as mãos em uma bacia, como se não tivesse responsabilidade alguma no desfecho da crucificação? E como ao mesmo tempo em que o texto se preocupa em eximir por completo a responsabilidade do governador romano, coloca toda a culpa nos judeus de forma generalizante? Parece-nos que as respostas se encontram nas perseguições sofridas pelas primeiras comunidades da Igreja nascente por parte dos romanos. Essa construção teórica, a respeito de Pilatos, parece amenizar a situação dos cristãos com Roma.

Sofrendo sob os imperadores e as autoridades romanas graças à sua confissão, os cristãos empregaram a técnica de mostrar Pilatos como amigo de Jesus, de modo a repreender seus atuais perseguidores. Nenhum dos quatro evangelhos é anterior ao período dos imperadores flavianos. Sob Vespasiano, Tito e Domiciano, pessoas tidas como descendentes do Rei Davi e seus simpatizantes eram mortas em massa. [...] Tampouco seria possível esconder que Pilatos ordenara a crucificação. [...] Foi gradual o processo pelo qual o governador que condenou Jesus à morte pela crucifixão se tornou, na apologética, instrumento de defesa da fé cristã. O severo Pilatos vai aos poucos ficando mais brando, de um evangelho para outro. (WINTER, 1998, p. 133-134.137)

Jesus foi julgado por uma autoridade romana, por um crime contra o Estado. Pilatos mandou escrever em uma tábua e colocar na cruz o motivo "rei dos judeus". Condenado como um rebelde por ter supostamente cometido o crime de sedição.[8] Está sendo acusado de promover um levante contra a autoridade de Roma: "Encontramos este homem subvertendo nossa nação, impedindo que se paguem os impostos a César e pretendendo ser Cristo Rei" (Lc 23,3).

Conforme as narrativas evangélicas, foi o próprio governador romano que conduziu pessoalmente o processo, proferiu a sentença e mandou executar a Jesus. Que foi torturado por soldados romanos e executado na cruz, um meio romano de matar e não judeu. Neste sentido, é preciso reavaliar a forma que a leitura das narrativas tem sido feita. No contexto correto será possível concluir que havia certo antagonismo de ideias e interpretações da Torá perfeitamente naturais entre Jesus e os fariseus.[9] Afinal, isso faz parte da cultura judaica: construção a respeito de conceitos a partir das diferenças na abordagem das fontes. Jesus é o Mestre dos mestres infinitamente maior em sabedoria, mas age dentro dos limites da inteligência humana visando transmitir sua mensagem.

Eu vos dou um novo mandamento

Outro ponto importante é que Jesus não revogou a Lei e os profetas, antes, veio dar cumprimento a tudo o que foi dito conforme o próprio evangelho diz:

> Não penseis que vim revogar a Lei e os Profetas. Não vim revogá-los, mas dar-lhes pleno cumprimento, porque em verdade vos digo que, até que os céus e a terra passem, nem mesmo um yud ou traço da Torá passará – não até que todas as coisas que precisam acontecer tenham ocorrido. (Mt 5,17-18)

---

[8] Revolta, rebelião em massa contra uma autoridade estabelecida; crime contra a segurança de um país. Desordem, o que perturba a ordem pública. Etimologia (origem da palavra sedição). Do latim *seditio onis* (Dicio, dicionário online de português).
[9] No meio judaico o nome dos seus livros sagrados é conhecido pelo acróstico *TANAKH* (T= Torá, ensinamento, que compreende os cinco primeiros livros da Bíblia cristã; N= Neviim, profetas, que compreende os livros proféticos da Bíblia cristã; KH= Khetuvim, escritos, que compreende os livros históricos e sapienciais da Bíblia cristã).

Na transfiguração sobre o monte Tabor fica claro que Jesus, entre Moisés e Elias é, segundo a tradição, o cumprimento pleno da Lei e dos Profetas. Ele, portanto, é a própria *Torá* encarnada e que está completamente inserido no contexto judaico. "E ali foi transfigurado diante deles. O seu rosto resplandeceu como o sol e as suas vestes tornaram-se alvas como a luz. E eis que lhes apareceram Moisés e Elias conversando com ele" (Mt 17,2-3).

O problema de uma leitura fundamentalista é considerar absolutamente tudo como sendo histórico e a consequência imediata disso é não compreender o cerne da mensagem. Tomando desvios de entendimento e produzindo frutos que nunca fizeram parte da mensagem de Jesus, como o preconceito e o antissemitismo. Será que aquele que morreu na cruz pedindo ao Pai que perdoasse seus executores romanos aprovaria tantas perseguições aos seus compatriotas, irmãos de sangue: os judeus? "Jesus dizia: 'Pai, perdoa-lhes: não sabem o que fazem'. Depois, repartindo suas vestes, sorteavam-nas'" (Lc 23,34). Será que quando alguém diz: os judeus mataram Jesus, não leva em consideração que Jesus era judeu? Filho de mãe judia e tinha como apóstolos: judeus. Ou então, que Ele veio ao mundo na linhagem de Davi e só isso já confere a esse povo, que tem aliança com Deus desde Abraão, a maior entre todas as honrarias, pois eles podem de fato dizer Jesus é nosso irmão. Em certa passagem Jesus assim respondeu: "Eu não fui enviado senão às ovelhas perdidas da casa de Israel" (Mt 24,26).

> Jesus era um judeu. Viveu entre judeus, aprendeu com os judeus, deu ensinamento a judeus. Os êxitos que ele teve e as adversidades que enfrentou em sua vida foram compartilhados com outros judeus. Aqueles que ele aprovava e aqueles que desaprovavam eram igualmente judeus. É, portanto, bastante natural que as pessoas das quais ele discordava também fossem judias. (WINTER, 1998, p. 255-256)

Como dizer afinal que se é cristão verdadeiramente sem viver os ensinamentos de Jesus, sem amar ao próximo ou ao inimigo? Quando o próprio Jesus diz: "Amarás ao teu próximo como a ti mesmo. Não há outro mandamento maior do que esses" (Mc 12,31).

Os próprios Padres da Igreja afirmavam que: *"Christianus alter Christus"*, ou seja, "o cristão é outro Cristo". Como ser outro Cristo sem estar disposto a amar, a perdoar ou até mesmo morrer pelos injustos?

Hillel, mestre fariseu dizia: "Não faça aos outros o que não deseja que façam a você, esta é toda a *Torá*, o restante é comentário, vai e pratica isto" (*Talmud Bavil Shabat* 31a). Jesus assumindo esse ensinamento o coloca em outra perspectiva, não meramente negativa, "não faça", mas o tornando ainda mais exigente e provocando uma atitude positiva "faça": "Tudo aquilo, portanto, que quereis que os homens vos façam, fazei-o vós a eles, pois esta é a Lei e os Profetas" (Mt 7,12). Se Jesus vem para dar cumprimento à Lei e levá-la a perfeição ele a estudou, debateu e ensinou. Podemos ver que aos doze anos ele já tinha capacidade e conhecimento para isso:

> Quando o menino completou doze anos, segundo o costume, subiram para a festa. Terminados os dias, eles voltaram, mas o menino Jesus ficou em Jerusalém, sem que seus pais o notassem. Pensando que ele estivesse na caravana, andaram o caminho de um dia, e puseram-se a procurá-lo entre os parentes e conhecidos. E não o encontrando, voltaram a Jerusalém à sua procura. Três dias depois, eles o encontraram no Templo, sentado em meio aos doutores, ouvindo-os e interrogando-os; e todos os que o ouviam ficavam extasiados com sua inteligência e com suas respostas. (Lc 2,42-47)

Portanto, ele demonstrou aos doutores da Lei e aos mestres fariseus desde cedo ser um profundo conhecedor dos costumes e ensinamentos de seu povo, isto é, das *Torot* oral e escrita. Neste sentido, pode-se perguntar: Em que momento Jesus deixou de ser judeu? Ou quando foi que Ele condenou o Judaísmo que Ele mesmo praticou? Ou, por que não se pode colocá-lo em perspectiva aos sábios fariseus sendo o maior de todos os mestres? Já que exerceu seu ministério da mesma forma, ensinando em meio ao povo e nas sinagogas, fazendo discípulos e debatendo a *Torá* com outros estudiosos.

Na verdade, negar a judaicidade de Jesus que pratica a fé de seu povo e que cumpre cada *mitzvá* é negar sua própria origem. Ele é filho de Israel, descendente de Davi. Enfim, o Messias esperado no Judaísmo. Dizer que os judeus não o aceitaram é no mínimo desprezar o fato de que sua mãe, a primeira que o aceitou, era judia; que todos os apóstolos, os primeiros que o seguiram, eram judeus; que seus discípulos, em geral, também eram judeus. Mais ainda, que a fé católica nasceu do Judaísmo, ou seja, ao negar tudo isso nega-se as próprias origens da fé cristã.

Assim o Papa Bento XVI asseverou por ocasião da sua visita a Comunidade Judaica na Sinagoga de Roma, em 17 de janeiro de 2010: "É ao povo judeu que 'pertencem a adoção filial, a glória, as alianças, a legislação, o culto, as promessas [...] e os patriarcas'; desse povo Cristo nasceu segundo a carne (Rm 9,4-5), porque 'os dons e o chamamento de Deus são irrevogáveis'" (Rm 11,29; CIC 839).

1.3 Origem dos fariseus

Existem pelo menos duas contundentes afirmações acerca da origem dos fariseus, as quais serão descritas adiante.

A primeira, e também a mais sustentada pela maioria dos estudiosos no assunto, apresenta os fariseus surgindo na época dos conflitos envolvendo os *hassidim* (piedosos) por volta do século II a.C., os quais divergiam em suas ideias a respeito do futuro religioso e político de Israel frente a dominação helênica.

A segunda, e essa representa nosso ponto de vista, é oriunda de uma perspectiva mais abrangente, onde os autores buscam seu entendimento através das fontes rabínicas, como o *talmud*, a *mishná* e fontes históricas como Flávio José para fundamentar a sua teoria.

Teoria essa que coloca a origem do farisaísmo na época do pós--exílio (por volta do ano 540 a.C.), diz que o nascimento do farisaísmo remontaria ao período dos *soferim* (plural de *sofer*, isto é, homem do livro),[10] escribas que tinham como função ler e interpretar a *Torá* para o povo na época de Esdras, por volta do século V a.C.[11]

---

[10] Segundo o Dicionário de Teologia do Antigo Testamento a atividade dos *soferim* após a queda do reino: "ficou reservada para designar a atividade literária e religiosa, como por exemplo, Esdras, o escriba" (D.I.T.A.T., 1998, p. 1057).
[11] Faz-se necessário notar que alguns autores distinguem os escribas dos fariseus, pois para esses, tratam-se de grupos diferentes; os escribas seriam os doutores da Lei, os que estudam a

Durante um longo período, quase três séculos antes do surgimento dos *hassidim* (piedosos), os escribas tinham a função de ler e interpretar a Escritura para a comunidade de Israel, pois esse era o verdadeiro e autêntico caminho para esse povo (Sl 119,105). Por tudo isso, surge à semelhança com os fariseus no que diz respeito aos longos debates com o propósito de bem interpretarem e de atualizarem a *Torá*, pois somente assim poderiam garantir a centralidade de Deus na vida da comunidade. Por essa dinâmica de entender que a Palavra de Deus é sempre atual e necessita de correto entendimento é que alguns estudiosos defendem que os *soferim*, portanto, surgem no período do escriba Esdras e que, são na verdade o embrião do movimento farisaico.[12]

Homens do Livro

Naquele tempo, no período do pós-exílio (séc. V a.C.), o Templo, construído pelo Rei Salomão, estava destruído. O povo que ficou na Judéia estava desorientado com tudo o que tinha acontecido à sua nação. Portanto, sem saber como seguir, ou encontrar sentido para sua vida religiosa. Os que, após o édito de Ciro (2 Cr 36,23) puderam ir para a Terra de seus pais, se depararam, ao chegar lá, com um grande problema: não falavam mais a língua hebraico.[13] Isto dificultava a leitura e o entendimento da Palavra de Deus. Uma vez que a maioria dos textos, estavam escritos em hebraico e essa por sua vez é considerada a língua sagrada. Dificultando assim uma possível organização de qualquer movimento religioso que ajudasse o povo na árdua tarefa da reorganização social.

Outro grande problema, enfrentado por aqueles que insistiam em reconstruir a história de fé de seus pais, foi o fato que marcou profundamente a vida daquele povo: a destruição da mais importante instituição de Israel, o Templo de Jerusalém (586 a.C.), local da morada de

---

Torá e dela tiram seus ensinamentos. Já os fariseus, por sua vez, são os piedosos, pessoas simples do povo e ligados às práticas como, por exemplo, esmola, jejum, oração e o dízimo. Nesse sentido, enquanto os fariseus são os homens da prática, os escribas são os homens do estudo. Todavia, vale lembrar, que a prática farisaica se apoia nos estudos da Torá.

[12] Esdras, filho de Saraías (...); este Esdras subiu de Babilônia. Era um escriba versado na Lei de Moisés, dada pelo Senhor, o Deus de Israel. Como a mão do Senhor, seu Deus, estava sobre ele, o rei lhe concedeu tudo o que pediu (Esd 7,1.6)

[13] Eram agora falantes da língua aramaica, pois essa era a língua falada na Babilônia.

Deus (Dt 16,16; 2 Cr 5,13). O Templo de Jerusalém, outrora construído pelo Rei Salomão, conferia identidade ao povo de Israel, pois Deus se fazia presente naquele lugar (1Rs 8).

Com muito esforço e fé o povo consegue reconstruir o segundo Templo, mas não consegue ainda se organizar como povo religioso, no sentido de ganhar uma identidade. Esdras percebe então o perigo, pois o povo sem organização (identidade) e em contato com o mundo pagão poderia facilmente ser transviado definitivamente da religião dos seus pais, o Judaísmo (Esd 9). Ele resolve, por sua vez, se estabelecer na Terra prometida para reorganizar, isto é, imprimir uma identidade cultural e religiosa aos judeus que lá ficaram e aos que quiseram construir sua história na Terra de Israel.

Por esse tempo, sem o Templo de Jerusalém, o povo não poderia mais apresentar seus sacrifícios conforme instruí a Torá/Lei (cf. Lv 1–7). Com a ausência do culto sacrifical, observar-se-á o nascimento e o desenvolvimento de outra importante instituição de Israel: a sinagoga.

Ramos assim apresenta a importância da sinagoga para esse período:

> Por sua vez, a sinagoga, no período de Esdras, proporcionará para a *Torá* a centralidade na comunidade (cf. Ne 8) reorganizada e com isso reforçar a necessidade, da comunidade, de buscar um nível de conhecimento, da *Torá*, como meio eficaz de realizar a vontade de Deus. Esdras e os escribas realizam a leitura do texto (bíblico) colocando-o no centro da vida do povo de Israel. (2016, p. 36)

Neste sentido, os *soferim* contribuíram e Esdras aparece como o representante desse grupo, fazendo a explicação e a atualização da Palavra de Deus para toda a comunidade de Israel. "E Esdras leu no livro da Lei de Deus, traduzindo e dando o sentido: assim podia-se compreender a leitura" (Ne 8,8).

Esse talvez seja o principal motivo que faz do escriba Esdras, o precursor do farisaísmo, pois com a ajuda da Palavra de Deus, foi restaurada a fé do povo no Deus de Israel. Assim também mais tarde, os fariseus serão os responsáveis pela manutenção da fé judaica diante da opressão, ora dos gregos, ora dos romanos.

Martelo de Deus

Será no período dos macabeus (nome de dois livros bíblicos), que esse grupo irá desenvolver algumas importantes características. Isso se deu por volta do início do século II a.C., tendo como pano de fundo o conflito entre os judeus piedosos (*hassidim*) liderados, segundo o livro de Macabeus, pelos três filhos de Matatias: Judas (166 – 160 a.C), Jônatas (160–142 a.C.) e de Simão (142–132 a.C.), contra os simpatizantes da cultura helênica, os *mitavinim*. Simão, é considerado como o primeiro fariseu, o qual após a morte de seu irmão Jônatas, convocou a "Grande Assembleia", na qual foi nomeado governador e sumo sacerdote hereditário.

Scardelai apresenta a figura de Simão da seguinte maneira: "Simão foi o último sobrevivente dos nacionalistas macabeus. Embora não tivesse linhagem sacerdotal nem credenciais para ocupar o trono davídico, Simão foi reconhecido por sua liderança carismática". Durante seu governo houve uma relativa unidade entra a sinagoga e o Templo, no entanto após a sua morte e consequentemente com a subida de João Hircano (135–104 a.C.) ao trono (vale lembrar, que o governo de Hircano foi de grande prosperidade política) a unificação entres as duas instituições mais importantes para a tradição judaica (Templo e sinagoga) foi comprometida devido a conflitos envolvendo interesses próprios de cada grupo (saduceus e fariseus).

O grupo dos fariseus acreditava que as práticas religiosas eram incomparavelmente mais importantes do que a sede de conquistas territoriais, ou mesmo, do que a busca da soberania política. Segundo eles, era preciso promover o bem-estar religioso o qual estava sendo substituído pela a busca de poder. Provavelmente essa postura adotada pelos fariseus, de reprovação ao grupo dos saduceus, tenha sido o responsável pelo o início de uma interna rivalidade entre o grupo fariseu e os responsáveis pelas atividades do Templo, os saduceus.

Quando da morte de Shimon, em 135 a.C., ascendeu ao trono João Hircano. Foi um período de prosperidade, sob uma nova liderança. Ele obteve maior independência do reino judeu com relação à Síria. Durante seu reinado, marcado por enriquecimento e fortalecimento da aristocracia e pela redução da devoção dos sacerdotes, ressurgiu uma das mais antigas questões do povo judeu: o que era mais importante, o bem-estar religioso ou o poderio nacional? O grupo mais pacifista, contrário a expansão política, tornou-se conhecido como o partido dos fariseus, um grupo citadino e burguês, no sentido exato do termo. (MALCA; MIRANDA, 2001, p. 38)

Saduceus versus fariseus

Foi durante o reinado de Alexandre Janeu (103–76 a.C.), tendo como aliado a classe sacerdotal, que o partido dos fariseus sofreu duras perseguições. Esse evento teve como motivação levantes internos contra o governo de Alexandre Janeu. Sabendo da posição de insatisfação dos fariseus, que não admitiam que uma família sacerdotal usurpasse o poder o qual era legitimamente reservado a descendência de Davi, acusou-os de terem participado e apoiado tais manifestações. Esse conflito resultou na morte de centenas de fariseus, foi exatamente neste período que a rivalidade entre fariseus e saduceus chegou a seu ápice, como afirma Scardelai:

> Foi apenas no fim do reinado do asmoneus João Hircano (134 – 104 a.C.) que estourou o conflito mais direto entre fariseu e a classe sacerdotal dos saduceus. Esse conflito atingiu seu ápice no tempo do rei e sumo sacerdote Alexandre Janeu que reinou entre 103 – 76 a.C. (2008, p. 119)

Curiosamente, mesmo depois de todas as perseguições realizadas contra os fariseus, o rei Alexandre Janeu, preocupado com o futuro de sua descendência, em seu leito de morte, usa de suas últimas palavras para aconselhar Alexandra, sua esposa, que ocuparia o trono com a morte de seu marido, da importância de se aliar a esse grupo. Visando à possibilidade de se beneficiar com influência que os fariseus exerciam na classe popular, pois eram muito bem vistos pelo povo. Esse episódio foi de suma importância para que os fariseus assumissem um papel decisivo na construção da nova mentalidade judaica e na religião de Israel, o Judaísmo. Eis um texto de Flávio Josefo que ilustra detalhadamente esse episódio.

Se quiserdes seguir o meu conselho, poderei conservar o reino e também os nossos filhos. Ocultai a minha morte aos meus soldados até que esta praça tenha sido tomada. Depois que voltardes vitoriosa a Jerusalém, procurai conquistar o afeto dos fariseus, dando-lhes alguma autoridade, afim de que essa honra os induza a louvar publicamente, perante o povo, a vossa magnanimidade. Eles desfrutam tanto poder sobre o Espírito do povo que o fazem amar ou odiar quem eles querem, sem que se considere se eles agem por interesse ou – quando falam mal de alguém – por inveja ou por ódio, como eu mesmo pude experimentar, pois a aversão do povo contra mim foi motivada pela minha inimizade com eles. Mandai, pois, chamar os chefes dessa seita logo que tiverdes chegado, mostrai-lhes o meu corpo e dizei, como se o desejásseis do fundo do coração, que me entregais nas mãos deles para que façam o que quiserem: ou recusar-me a honra da sepultura, para vingarem-se dos males que lhes causei, ou acrescentar maiores ultrajes, para se satisfazerem plenamente. Dai-lhes em seguida a vossa palavra de que nada fareis no governo do reino senão por seu conselho. "Digo-vos que, se assim fizerdes, eles ficarão tão satisfeitos com essa deferência, que, em vez de desonrar a minha memória, me farão magníficos funerais, como eu não ousaria esperar nem mesmo de vós, e reinareis com inteira autoridade'". Dizendo essas palavras, morreu, na idade de quarenta e nove anos, dos quais reinou vinte e sete. (JOSEFO, 2015, p. 630-631)

A rainha Salomé Alexandra não só atendeu ao pedido de seu marido, de se aproximar-se do partido dos fariseus, como também mudou completamente a sua maneira de governar. Convencida de que os fariseus tinham a aprovação da população, dispensou seus conselheiros formados por saduceus e passou a governar com um novo conselho formado pelo grupo farisaico. A partir disso, os fariseus passaram a exercer uma notável influência dentro da tradição judaica, a qual os rendeu um papel de destaque na história de Israel, durante esse período, eles promoveram uma série de reformas sociais e religiosas.

Foi dessa maneira que esses homens piedosos chamados de fariseus, resistindo principalmente a manipulação da religião pelos saduceus que aparelhavam a religião aos interesses do Estado, permaneceram fiéis a Palavra de Deus. Neste cenário, os saduceus estavam atrelados ao poder político-econômico e, dessa forma, não se preocupavam com a miséria que se abatia sobre a população, pois sua única preocupação era manter a situação dos dominadores em favor da manutenção de seus favores. Por outro lado, os fariseus se faziam próximos a população carente ajudando-os e confortando-os com a Palavra de Deus e a esperança em uma mudança radical na vida daquelas pessoas, isto é, com a irrupção de Deus na história. Mudando assim o destino daqueles que tanto sofriam.

1.3.1 O nome fariseu: "Sede santos, porque Eu o Senhor Vosso Deus sou Santo"

Segundo o Dicionário Internacional de Teologia do Antigo Testamento a palavra fariseu vem da raiz verbal *parash* que significa distinguir (separar), anunciar (D.I.T.A.T., 1998, p. 1244), ainda segundo o dicionário: "Os fariseus são, então, os que 'causam distinção' no sentido de que são expositores da Lei, quer oral quer escrita". Do verbo *parash* deriva o substantivo *perushim* que pode significar "separados". Alguns textos da Tradição oral do Judaísmo no tempo de Jesus (*mishná*) associam a palavra *kadosh* (do verbo *kadash*, ser consagrado, ser santo), cuja palavra é amplamente utilizada no Código de Santidade no livro do Levítico, com a palavra *perushim* (fariseus). A propósito disso note-se um importante *midrash* (comentário/interpretação) feito no século III d.C. sobre a passagem do livro de Levítico 20,26: "Do mesmo modo que estou separado (*parush*), assim também vós sereis separados (*perushim*, isto é, em hebraico, fariseus). Se estais separados das nações, diz o Senhor, vós sois meus. Caso contrário, vós pertenceis a Nabucodonosor, rei da Babilônia" (Sifrá s/Lv 20,26 *apud* VIDAL, 2000, p. 103).

Mas que tipo de separação se fala aqui?

Rabino Philippe Haddad propõe três possibilidades de entendimento:[14]

a) Primeira possibilidade: Teria acontecido no período Hasmoneu, em que os piedosos (*hassidim*) se posionam contrário ao poder político da época. Neste sentido, os fariseus seriam os dissidentes.

b) Segunda possibilidade: Os piedosos que prativam meticulosamente os ritos de purificação, prescritos na Torá, e, por isso

---

[14] HADDAD, Philippe, **Como Jesus lia a Torá.** Sair do mal entendido entre Jesus e os fariseus, p. 58. XX º livro da Coleção Judaísmo e Cristianismo, 2022.

mesmo, se separavam dos demais que não observavam esses ritos. Todavia, isso não significava que havia desrespeito com quem não observava as purificações.

c) Terceira possiblidade: Comentadores (exegetas) da Torá. Esses se distinguiam pela centralidade que a Palavra de Deus ocupava em suas vidas. Sempre buscando novas interpretações para explicar e bem viver essa palavra.

Dessa forma, pode-se afirmar que para a tradição bíblica Deus chama seus filhos para viverem apartados, separados do mundo, no sentido existencial, isto é, viver a realidade do chamado de Deus em nossas vidas. Afim que se possa cumprir a missão confiada a cada um. Portanto, pode-se concluir que os fariseus eram homens que buscavam viver uma vida consagrada para Deus. Aplicando sua vida no conhecimento da Palavra, no desejo de viver uma vida de santidade testemunhando o amor de Deus (Esd 7,10). Logo, esses homens, embora com todos os limites, que são próprios das relações humanas, buscavam uma vida devotada a Deus e ao amor ao próximo (Dt 6,4-5; Lv 19,8), pois haviam entendido sua grande missão, como nos apresenta esse belíssimo trecho do profeta Isaías: "Pouca coisa é que sejas o meu servo para restaurares as tribos de Jacó e reconduzires os sobreviventes de Israel. Também te estabeleci como luz das nações, a fim de que a minha salvação chegue até as extremidades da terra" (Is, 49,6).

CAPÍTULO II
Jesus e os Fariseus

2.1 Convergências no ensino

Muito se fala sobre as diferenças entre Jesus e os fariseus, mas quase nunca sobre as semelhanças que, aliás, não são poucas. Fala-se de contendas, mas se esquece de que Jesus tinha inclusive amigos fariseus como José de Arimatéia e Nicodemos. As narrativas bíblicas também mencionam em pelo menos três ocasiões, por Lucas, que Jesus é convidado para comer na casa de fariseus (Lc 7,36; 11,37; 14,1). Existe inclusive um episódio em que Jesus foi avisado pelos fariseus que Herodes Antipas pretendia matá-lo (Lc 13,31).

Como assinalado anteriormente, pode-se também constatar inúmeras semelhanças entre os ensinamentos dos fariseus e os de Jesus. Os pensamentos são muito próximos e se faz nítida a convergência de ideias sempre no intuito de seguir a *Torá* com empenho e zelo, "... os próprios ensinamentos de Jesus se assemelham mais ao farisaísmo primitivo do que a qualquer outra escola de pensamento" (WINTER, 1998, p. 236).

Afinal, Jesus não veio abolir nem a lei e nem os profetas que os fariseus ensinavam, mas veio dar cumprimento a elas (Mt 5,17). "Sim, é verdade! Digo a vocês: até que os céus e a terra passem, nem mesmo um *yud* ou traço da *Torá* passará – não até que todas as coisas que precisam acontecer tenham ocorrido" (Mt 5,18). Está escrito de forma muito clara: "Maldito aquele que não confirmar as palavras desta Lei (*Torá*), para cumpri-las. E todo o povo dirá: Amém" (Dt 27,26).

2.2 Jesus, Mestre na interpretação da Lei

Quando questionado sobre qual o maior mandamento, Jesus responde com o Shemá Israel que é a confissão de fé monoteísta: *"Shemá Israel! Adonai Elohenu! Adonai Echad!"*. Jesus é interpelado: "Mestre, qual é o grande mandamento na lei? Respondeu-lhe Jesus: Amarás ao Senhor teu Deus de todo o teu coração, de toda a tua alma, e de todo o teu entendimento" (Mt 22,36-37). Reafirmando com clareza a fé de Israel "Ouve, ó Israel; o Senhor nosso Deus é o único Senhor. Amarás, pois, ao Senhor teu Deus de todo o teu coração, de toda a tua alma e de todas as tuas forças" (Dt 6,4-5).

A convergência de pensamentos entre o Mestre Jesus e os mestres fariseus fica ainda mais clara se observarmos as diversas passagens citadas pelos evangelhos, que encontram seus paralelos no Talmud e em outros textos da tradição judaica, como por exemplo:

Segundo Jesus: "Felizes os misericordiosos, porque alcançarão misericórdia" (Mt 5,7).

Rabino Gamaliel, filho do rabino Yehuda HaNasi, diz:

> O verso que diz: 'E Ele vos mostrará misericórdia e terá compaixão de ti e te multiplicará' (Deuteronômio 13,18), nos ensina que quem tem compaixão das criaturas de Deus receberá compaixão do Céu, e quem não tiver compaixão das criaturas de Deus não receba compaixão do céu. (Talmud, *Shabat* 151b)

Jesus diz: "Amarás ao teu próximo como a ti mesmo. Não há outro mandamento maior do que esses" (Mc 12,31).

Rabi Akiba posterior a Jesus citando Hillel disse:

> E você amará seu semelhante como você - esse é um grande princípio na Torá. Pois você não deveria dizer: 'Desde que fui desprezado, deixe meu amigo ser desprezado'. R 'Tankhuma disse: 'Se você fez isso (desprezar o seu amigo), saiba a quem você despreza, (para) à semelhança de Elohim Ele o fez'. (*Bereshit Rabbah* 24)

A tradição farisaica e a tradição cristã, caminham muito próximas, pois o Cristianismo herdou parte da doutrina judaica, especificamente farisaíca. Alguns pontos deixam isso claro. Os fariseus acreditam na imortalidade da alma, na ressurreição dos mortos, no livre arbítrio do ser humano, no castigo eterno dos ímpios, pois o destino dos homens está nas mãos de *Elohim* (soberania do Eterno).

Quanto a moral, padre Manoel Miranda (anotações de sala de aula), observa que tanto Jesus como os fariseus ensinam a humildade, o amor ao próximo, o amor aos inimigos, às boas obras e a caridade. Ambos se dedicando mais aos pobres e necessitados, oprimidos pelo poderio romano. Jesus também demonstra o que é próprio da piedade farisaica, isto é, a confiança na misericórdia divina e a certeza de que o arrependimento conduz ao perdão.

O fato é que Jesus é um judeu zeloso pela *Torá*, e de forma ortodoxa defende a prática de seus ensinamentos, o que não diverge dos fariseus.

> Toda a atividade dos fariseus consistia em proteger e propagar a *Torá* e não hesitavam em denunciar publicam ente aqueles que a transgrediam. Esforçavam-se, também, para suscitar em toda parte locais de estudo e oração, a fim de santificar o povo através da observância estrita da Lei. E procuravam dar o exemplo. Para os fariseus, só mesmo o valor moral dos fiéis da *Torá* é que poderia salvar Israel. Sob este aspecto, os fariseus jamais se opuseram a Jesus, pois nele reconheciam um verdadeiro fiel. (EPHRAÍM, 1998, p. 137)

A própria oração do Pai Nosso (em hebraico *Avinu*), a mais importante oração cristã, é claramente uma composição feita a partir de orações da liturgia e de textos da tradição judaica. Isso não poderia ser diferente, uma vez que Jesus foi um judeu piedoso e profundo conhecedor da *Torá* escrita e oral. Veja abaixo como a oração do Pai Nosso é uma composição, feita por Jesus, a partir das muitas orações da liturgia judaica. Por essa razão pode-se dizer que essa oração é comum a cristãos e judeus. Confira:

"Pai nosso que está nos céus". Pai nosso que estás nos céus. (*Mishina Yoma*, invocação comum)
"Santificado seja teu nome". Que teu nome seja altamente santificado no mundo que tu criaste segundo tua vontade. (*Qaddish, Qedushah* e *Shemone Esré* (18 bênçãos) na oração cotidiana, cf. também Ez 38,23)

"Venha teu reino". Que venha em breve e que seja reconhecido pelo mundo inteiro o teu reino e tua senhoria a fim de que teu nome seja louvado para sempre. (*Qaddish*)
"Que seja feita tua vontade, assim na terra como no céu". Que seja feita a tua vontade no céu como na terra, dá a tranquilidade do espírito àqueles que te temem, e no resto, aja segundo tua vontade. (*Tosephta Berakhot* 3, 7; *Babli Berakhot* 29b; cf. também 1Sam 3,18 e 1Mac 3,60)
"O pão nosso cotidiano, dá-nos hoje". Faça-nos o pão que tu nos concedes cada dia. (*Mekhilta* sobre Ex 16, 4; *Beza* 16a)
"E perdoa nossas dividas assim como nós perdoamos nossos devedores". Perdoa, nosso Pai, nossos pecados como nós perdoamos todos aqueles que nos fizeram sofrer. (*Shemone Esre*; no fim da *Mishnah Yoma; Tosephta Taanit* 1,8; *Babli Taanit* 16a)
"E não deixes cair em tentação". Não nos deixes cair em tentação. (*Siddur*: oração cotidiana; *Berakhot* 16b.17a.60b; *Sanhedrin* 107a)
"Mas livra-nos do mal". Mas afasta-nos de todo mal. [Porque teu é reino, o poder e a glória pelos séculos dos séculos.] Porque a grandeza e a glória, a vitória e a majestade são tuas assim como todas as coisas no céu e sobre a terra. A ti o reino e tu é o Senhor de todo ser vivente por todos os séculos. (1 Cron 29,11)

Jesus é verdadeiramente para os cristãos, o rabi. É o mestre e não qualquer mestre, é o mestre dos mestres profundo conhecedor da *Torá*, assim como os mestres fariseus, ele é em quase tudo semelhante aos sábios do movimento farisaico. Todavia, para os cristãos, supera os sábios de seu tempo. Porque para seus seguidores Ele, Jesus, é o Deus encarnado. Chamado rabi por seus discípulos, seu comportamento demonstra isso, Ele anda no meio do povo e prega de preferência aos mais humildes, ensinando-lhes a *Torá* assim como faz qualquer outro rabi ou mestre fariseu, ser acompanhado por discípulos que seguem seus ensinamentos e os replicam é outra das características que denotam essas semelhanças.

A propósito, segundo o *Talmud*, os mestres fariseus formavam uma classe composta pelos mais diversos personagens da sociedade, bem como de diversas profissões. Existiam sapateiros, pescadores, carpinteiros, etc. Interessante lembrar que Jesus era filho de carpinteiro e também carpinteiro (Mc 6,3). E seus ensinamentos são profundamente judaicos. Vejamos a relação existente entre alguns ensinamentos de Jesus com alguns dos sábios de Israel:

→ **Jesus**: "Com a medida com que tiverdes medido vos hão de medir a vós". (Mt 7,2).

→ **Moisés** diz a Israel: "Com a medida que você mediu, eu tenho medido você." E assim está escrito (2 Sm 22,27): "Com o puro Você é puro, e com o torto Você é astuto."

→ **Jesus**: "Tudo, quanto, pois, quereis que os homens vos façam, assim fazei-o vós a eles, porque esta é a *Torá* e os Profetas" (Mt 7, 12).

→ **Hillel**: "Não faça aos outros o que não deseja que façam a você, esta é toda a *Torá*, o restante é comentário, vai e pratica isto" (*Shabat* 31a).

→ **Jesus**: "E outra vez vos digo que é mais fácil um camelo passar pelo fundo duma agulha, do que entrar um rico no reino de Deus" (Mt 19,24).

→ **Rava**: Saiba que este é o caso, por um lado não é mostrada uma palmeira de ouro nem um elefante atravessando o olho de uma agulha em um sonho. Em outras palavras, os sonhos contêm apenas imagens que entram na mente de uma pessoa (*Berakhot* 55b).

→ **Jesus**: "Porque, se perdoardes aos homens as suas ofensas, também vosso Pai celestial vos perdoará a vós" (Mt 6,14).

→ "Todo [aquele] que perdoa as suas retaliações tem perdoados todos os seus pecados" (*Derech Eretz Zutá* 8).

→ **Jesus**: "Portanto, orai vós deste modo: Pai nosso que estás nos céus, santificado seja o teu nome" (Mt 5,9).

→ **Hillel**: "Seja dos discípulos de Aharon, amando a paz e buscando a paz, amando as criaturas e aproximando-as da *Torá*" (*Pirkei Abot* 1).

→ **Jesus**: "Por que você repara no cisco que está no olho do seu irmão, e não se dá conta da viga que está em seu próprio olho?" (Mt 7,3).

→ "Remova a lasca de entre os olhos, ou seja, livre-se de alguma infração menor, o réu diria a ele: Remova o feixe de entre os olhos, significando que você cometeu muito mais grave pecados" (*Bava Batra* 15b).

→ "Olhai para as aves do céu, que não semeiam, nem ceifam, nem ajuntam em celeiros; e vosso Pai celestial as alimenta. Não valeis vós muito mais do que elas?" (Mt 6,26).

→ **Rabbi Shimon ben Elazar** diz: "Você já viu uma fera ou um pássaro que tem um comércio? E, no entanto, eles ganham seu sustento sem angústia. Mas todos estes foram criados apenas para me servir, e eu, um ser humano, fui criado para servir Aquele que me formou. Não é certo que eu deveria ganhar o meu sustento sem angústia?" (*Kiddushin* 82a).

→ **Jesus**: "E prosseguiu: O *Shabat* foi feito por causa do homem, e não o homem por causa do *Shabat*" (Mc 2,27).

→ "... o *shabat* foi entregue em suas mãos, e não você nas mãos dele" (*Talmud Bavli, Yoma* 85b).

→ **Jesus**: "Qualquer, pois, que a si mesmo se exaltar, será humilhado; e qualquer que a si mesmo se humilhar, será exaltado" (Mt 23,12).

→ "Qualquer um que se humilha sobre assuntos da *Torá* neste mundo torna-se grande no Mundo vindouro; e qualquer um que se estabeleça como um servo sobre assuntos da *Torá* neste mundo torna-se livre no mundo vindouro" (*Bava Metzia* 85b).

2.3 Jesus e seus irmãos

É perfeitamente possível relacionar Jesus aos fariseus de forma positiva, mostrando a *Torá* como mesma fonte de ensinamentos, bem como seu senso ético moral, similar a deles. Assim como também é possível perceber que os fariseus por várias vezes tomam partido e defendem os seguidores de Jesus diante dos saduceus. Como sinaliza Flusser:

> Se lembrarmos o papel que os fariseus desempenharam nas primeiras décadas da Igreja Cristã, fica mais claro o motivo pelo qual não só os relatos originais como também os três primeiros evangelhos, evitam mencionar os fariseus na história do julgamento de Jesus. Quando os apóstolos foram perseguidos pelo sumo-sacerdote saduceu, Rabban Gamaliel tomou o seu partido e os salvou (At 5, 17-42). Quando Paulo foi levado a comparecer

perante o Sinédrio em Jerusalém, encontrou solidariedade entre seus ouvintes ao apelar para os fariseus (At 22,30 e 23,10). Quando Tiago, o irmão do Senhor, e aparentemente outros cristãos, foram condenados ilegalmente a morte em 62 DC, pelo sumo-sacerdote saduceu, os fariseus apelaram ao rei e o sumo-sacerdote foi destituído. (FLUSSER, 1998, p. 48-49)

Quanto às divergências é preciso levar em conta o contexto e se faz necessário algumas considerações. Em primeiro lugar, o debate e a divergência de pontos de vista, quanto à prática da *Torá*, fazem parte da cultura judaica, como já mencionado acima. Constata-se isso nas polêmicas envolvendo Hillel e Shammai. Esses, em geral, sempre discordam um do outro, no entanto, isso não os torna inimigos apenas antagonistas intelectuais. O que é bom para o Judaísmo que cresce e se desenvolve a partir de questões da *Torá*, profundamente interpretadas e exaustivamente discutidas. Existe um ditado popular judaico que diz: "onde existem dois judeus, existem pelo menos três opiniões diferentes". Isto serve para ressaltar que os debates, a discordância, faz parte da cultura desse povo. Portanto, não deve ser visto de forma negativa, mas sim, com o propósito de bem entender a Palavra de Deus e sua aplicação concreta no dia-a-dia.

Embora Hillel e Shammai discordem, em suas interpretações, ambas palavras são aceitas como Palavra de Deus. Isso nos mostra quando algum fariseu questiona Jesus, ou quando Jesus repreende algum fariseu, que esse embate não se trata de intrigas. Na verdade, estamos diante de algo comum da cultura da época, em que se valoriza os debates, opiniões contrárias, em benefício de melhor compreensão. Neste sentido, Jesus não é o único a criticar alguns fariseus, essa pratica é comum dentro do mundo rabínico. Veja o que nos diz o *Talmud*, segundo Winter:

> As mesmas críticas que Jesus nos evangelhos sinóticos faz aos fariseus em geral são feitas no Talmude por vários rabinos contra certos tipos de fariseus. Em ambos os casos, o cenário é palestino. Os evangelhos e o *talmud* manifestam desaprovação a práticas que os líderes religiosos consideram incorretas: Jesus poderia expressar tais críticas sem se excluir da "Escola Farisaica", desde que elas se restringissem a casos concretos e específicos. (WINTER, 1998, p. 253)

Como verdadeiro Mestre, Jesus em momento algum viola a Lei, mas lhe confere a interpretação correta elevando-a a outro nível. Mostrando aos que o questionam, sob o pretexto do cumprimento da Lei, que o importante na verdade é o sentido real e muito mais profundo e não simplesmente um sentido superficial e fundamentalista. Levando em conta apenas o escrito sem considerar as circunstâncias. É interessante perceber que os fariseus, nesse caso, não estão equivocados quanto ao que determina a Lei, mas apenas quanto ao seu entendimento e interpretação e isso, diga-se de passagem, é passível de discussão. Como, por exemplo, na narrativa abaixo:

> E sucedeu passar ele num dia de sábado pelas searas; e os seus discípulos, caminhando, começaram a colher espigas. E os fariseus lhe perguntaram: Olha, por que estão fazendo no sábado o que não é lícito? Respondeu-lhes ele: Acaso nunca lestes o que fez Davi quando se viu em necessidade e teve fome, ele e seus companheiros? Como entrou na casa de Deus, no tempo do sumo sacerdote Abiatar, e comeu dos pães da proposição, dos quais não era lícito comer senão aos sacerdotes, e deu também aos companheiros? E prosseguiu: O sábado foi feito por causa do homem, e não o homem por causa do sábado. Pelo que o Filho do homem até do sábado é Senhor. (Mc 2,23-28)

Encontra-se no *Talmud* o mesmo pensamento a partir de sábios rabinos que descendem diretamente dos fariseus, posteriores a Jesus. Demonstrando que existia uma corrente de interpretação e que foi seguida no Judaísmo que considerava, assim como Jesus, o valor de uma vida como sendo maior que o *shabat*. Sendo assim, não há um conflito real entre o Mestre Jesus e os fariseus, mas apenas divergências de opiniões que sendo confrontadas elevam o nível do entendimento sem gerar com isso rupturas. Portanto, é equivocado o pensamento de que existe uma total divisão entre eles, aqui encontra-se uma complementaridade. O estudioso bíblico e filósofo israelense Yehezkel Kaufmann diz que: "A atitude de Ieshua (Jesus) com a *Torá* é a mesma atitude que se encontra entre os mestres da halachá e Hagadá que seguiram a tradição farisaica" (BOKSER; KNOPF, 1967, p. 208-209).

Outros tanna'im debateram esse mesmo problema. Rabino Yosei, filho do rabino Yehuda, diz que isso está escrito: "Mas manter a minha Shabbatot" (Ex 31,13). Alguém poderia pensar que isso se aplica a todos em todas as circunstâncias; portanto, o versículo declara "mas", um termo que restringe e qualifica. Implica que há circunstâncias em que se deve manter o Shabat e as circunstâncias em que se deve profaná-lo, isto é, salvar uma vida. Rabi Yonatan Ben Yosef diz que ele é afirmado: "Pois é sagrado para você" (Ex 31,14). Isto implica que o Shabat é dado em suas mãos, e você não é dado a ele para morrer por causa do Shabat. (Talmud Bavli, *Yoma* 85b)

Atenção: generalizar é perigoso

Faz-se necessário insistir com isso, nem todo fariseu é hipócrita. Portanto, dizer de forma generalizada que Jesus chamou todos os fariseus de hipócritas é retirar algo de seu contexto, com o pretexto de manchar a reputação de um grupo de pessoas. De fato, é inegável que haviam fariseus hipócritas. Da mesma forma que também existem cristãos hipócritas. Entretanto, é preciso ressaltar que tinham fariseus piedosos, de coração sincero, buscavam seguir a Deus por meio do cumprimento da Torá/Lei. Buscando viver sua relação com o próximo e com Deus, por meio da observância da Palavra. Portanto, para muitos deles, a prática deve se sobrepor aos belos discursos. Com isso, demonstravam-se desejosos de viver do ensino da Lei/Torá. Entre eles, muitos se tornaram grandes sábios e alguns, inclusive tornaram-se seguidores de Jesus.

Kaufmann Kohler, apoiado em textos talmúdicos, menciona ao menos sete tipos de Fariseus:

1. O Fariseu "ombro", que fazia ostentação das suas boas obras diante dos homens com uma insígnia no ombro.
2. O Fariseu "espere-um-pouco", que pedia a qualquer pessoa que esperasse por ele enquanto realizava uma boa ação.
3. O Fariseu "cego", que se feria a si próprio de encontro a uma parede, porque fechava os olhos para evitar ver uma mulher.
4. O Fariseu "pilão", que andava com a cabeça pendente para não ver tentações sedutoras.

5. O Fariseu "eterno-contador", que andava sempre a contar se as suas boas ações que se equiparavam às suas faltas.
6. O Fariseu "temente a Deus", que como Job, era verdadeiramente justo.
7. O Fariseu "amante-de-Deus", como Abraão.
(TENNEY, 1995, p. 138-139).

Portanto, existem categorias de fariseus hipócritas que são reconhecidas e apontadas pela própria tradição judaica. Como, tinham também fariseus piedosos. Neste sentido, é preciso, pois, desfazer esse olhar preconceituoso e generalizante sobre o grupo dos fariseus. Reconhecendo certas situações narradas nos evangelhos, dentro de uma perspectiva mais acertada, em relação a essa questão. E um esforço de superação, daquilo que se tem reproduzido por séculos. Afinal, uma leitura errônea dos textos, provocou, e tem provocado uma péssima impressão de um movimento importantíssimo na propagação da fé no Deus de Abraão. Como consequência dessa má compreensão, foi apresentado, ao longo da história, danos irreparáveis. Assim verifica-se as muitas atrocidades cometidas, sob o pretexto de que Jesus condenou esse grupo, bem como os judeus que "o mataram".

Aliás, é interessante refletir sobre um ponto importante. Se alguns poucos judeus, e não todos, tiveram algum papel no julgamento de Jesus visando seus próprios interesses, e de alguma forma contribuíram com sua morte ao entregá-lo as autoridades romana que o processou, julgou e matou. Esse grupo foi o dos saduceus, pois eles detinham o poder político-religioso. Além disso, tinham proximidade suficiente com as autoridades romanas para tal feito, e não os fariseus.

2.4 Os fariseus e o estudo da palavra de Deus

Ao falar da Palavra de Deus é preciso compreender alguns aspectos que são centrais para o estudo da mesma. No caso, vamos entender um pouco mais sobre a palavra Lei e seu significado nos tempos bíblicos e hoje.

No tempo de Jesus a Palavra de Deus, no meio cristão chamada de Bíblia, em hebraico se diz *Torá* que significa 'instrução', 'ensinamento', 'orientação'. Por volta do século III a.C., acontecerá a primeira grande tradução dos textos sagrados, do hebraico para o grego. Essa tradução é conhecida pelo nome de Septuaginta ou Setenta. Dessa forma, a palavra *Torá* foi traduzida pela palavra grega *Nómos* que significa 'Lei', 'costumes'. Séculos mais tarde, quando São Jerônimo traduziu os textos bíblicos para o latim (séc. IV d.C.), traduziu a palavra *Torá/Nómos* por *Lex* que significa 'Lei'. Ao ler a palavra *Torá* traduzida por Lei, em geral, sente-se um certo desconforto, pois a palavra Lei, segundo o sentido moderno da palavra, parece soar com certo tom provocativo e pejorativo. Mais associada com o sentido jurídico ou político, mas esse não é esse o sentido original da palavra *Torá*.

A palavra *Torá* associada ao sentido moderno da palavra Lei parece desencadear um sentimento de repulsa por parte de muitos cristãos. Principalmente quando esses, de modo errado, aprenderam que a primeira parte da Bíblia, chamada de Antigo Testamento,[1] só trata de aspectos legais, do ponto de vista jurídico. Para muitos o Primeiro Testamento é um período em que as pessoas eram muito duras e más e por isso Deus tinha que agir de uma maneira enérgica, punindo as pessoas pelos seus erros. Castigando-as de seus pecados. Por tudo isso, para muitos, o Primeiro Testamento está ligado somente a práticas ritualísticas, vazias de sentido. Desse modo, Deus parece apresentar a figura de um juiz, onde sua única função é de julgar e punir as pessoas.

Mas será que essa visão está correta?

O Deus do Antigo Testamento é o mesmo do Novo

Faz-se necessário ouvir o que a Igreja ensina sobre esse assunto.

Em um importante documento que trata das relações entre as Escrituras judaicas e a Bíblia cristã, a Igreja assim se posiciona sobre o assunto dos textos sagrados que compõem o Primeiro Testamento: "De fato, as Sagradas Escrituras do povo judeu constituem uma parte essencial da Bíblia cristã e estão presentes, de muitos modos, na outra par-

---
[1] Seguindo a orientação dos Bispos do Brasil (Estudos da CNBB, nº 86, 2003, p. 84-85), é preferível chamar a primeira parte da Bíblia de Primeiro Testamento, pois assim nos ensinam os Bispos: "começa a nascer uma tendência a chamarmos as duas partes da Bíblia de Primeiro Testamento e Segundo Testamento. "Primeiro" é palavra que não faz pensar em "superado, ultrapassado", como acontece com o termo "Antigo"".

te. Sem o Antigo Testamento, o Novo seria um livro indecifrável, uma planta privada das suas raízes e destinada a secar" (PCB, 2002, p. 235).

Essa relação íntima entre os Dois Testamentos que juntos formam a Revelação de Deus na história, aponta para a superação de um ensino equivocado em que o Primeiro Testamento é visto somente como sombra do Segundo Testamento. Neste sentido, se faz necessário recorrer uma vez mais ao ensinamento da Santa Igreja:

> A economia da salvação, predita, descrita e desenvolvida pelos autores sagrados, encontra-se nos livros do Antigo Testamento como verdadeira Palavra de Deus. Por isso, estes livros divinamente inspirados conservam valor perene: "Ora tudo quanto o que se escreveu no passado é para nosso ensinamento que foi escrito, a fim de que, pela perseverança e pela consolação que nos proporcionam as Escrituras, tenhamos esperança". (Rm 15,4; *DV* nº 14)

E um pouco mais à frente no mesmo documento, continua a Igreja ensinando sobre a importância da ação de Deus expressa nos livros do Primeiro Testamento:

> E os livros do Antigo Testamento, segundo a condição do gênero humano antes da era da salvação operada por Cristo, manifestam a todos o conhecimento de Deus e do homem, e o modo como Deus, justo e misericordioso, trata os homens. Tais livros, apesar de conterem também coisas imperfeitas e passageiras, revelam uma verdadeira pedagogia divina. Por isso, os fiéis devem recebê-los com devoção, pois exprimem um vivo sentido de Deus, uma útil sabedoria sobre o que é a vida humana, bem como admiráveis tesouros de preces; neles está oculto, finalmente, o mistério da salvação. (*DV* nº 15)

Tudo isso que foi escrito até aqui teve o propósito de garantir, através do ensino da Igreja, a importância que os livros do Primeiro Testamento possuem valor em si mesmo, ou seja, que se tratam verdadeiramente da Revelação de Deus na história e sua ação salvadora junto à criação. Portanto, o mesmo Deus de ontem é o mesmo Deus de hoje e será o mesmo Deus de amanhã (Hb 13,8).

Torá como Palavra de Deus

A palavra *Torá* como Palavra de Deus significa, como visto anteriormente, 'orientação', 'ensinamento', 'instrução', mas é possível perceber ainda, que a palavra *Torá* carrega consigo diversos outros significados. Entre eles, os irmãos de Sion Avril e Lenhardt sinalizam outra importante compreensão para a palavra: "O termo também evoca, por consonância às outras raízes, a luz e o fogo. Para um judeu, Torá significa tudo isso e muitas outras coisas; é o caminho que leva ao fim (almejado), a força e a luz que permitem lá chegar" (AVRIL; LENHARTD, 2018, p. 15).

Em um texto da Tradição oral de Israel conhecido como *mishná*, encontra-se uma belíssima passagem que expressa bem o desejo daqueles que perceberam, e mesmo aqueles que ainda um dia perceberão, de que Deus deve ser o centro de nossa vida e por esse motivo sua Palavra deve ocupar todos os momentos: "Ben Bag Bag dizia: 'vira e revira a *Torá* em todos os sentidos, porque nela tudo está contido; somente ela lhe dará verdadeira ciência; envelhece neste estudo e jamais abandona-o; não há nada de melhor que possa fazer'" (*Mishnah Abot* 5,25 apud AVRIL; LENHARDT, 2018, p. 15).

A *Torá* é o ensinamento por excelência, isto é, a Palavra de Deus. Como sua fonte, Deus, a *Torá* é uma, mas foi transmitida sob duas formas: escrita e oral. A esses dois modos de Deus transmitir sua Palavra, oral e escrita, na língua hebraica se diz *Torot* que é o plural de *Torá*. É assim que uma antiga tradição, chamado de tratado dos pais, ensina sobre a transmissão dessas duas tradições:

> Moisés recebeu a *Torá* no Sinai e a transmitiu a Josué; Josué a transmitiu aos anciãos e os Anciãos a transmitiram aos profetas. Os profetas s transmitiram aos homens da Grande Assembleia (sinagoga). Estes disseram três coisas: "sede ponderados no exercício da justiça; fazei muitos discípulos; levantai uma cerca em torno da Torá" (*Mishnah Abot* 1, apud AVRIL; LENHARDT, 2018, p. 15).

A *Torá* escrita, por se tratar de um código de vida a ser posto em prática e a ser estudado, em vista desta mesma prática, não contém todo o ensinamento. Por isso mesmo a aplicação diária, desses ensinamentos, exige explicações complementares e atualizadas. Neste sentido, essas atualizações se encontram concentradas na *Torá* oral. Portanto, a *Torá* oral tem a capacidade, ao interpretar a Escritura, de responder aos desafios que a realidade, segundo suas limitações, evoluções, tensões pedem superação de tais dificuldades e dessa maneira apresentar-se como um porto seguro para aqueles que acreditam. Pois, dessa forma pode-se dizer como o salmista: "Tua palavra é lâmpada para os meus pés, e luz para o meu caminho" (Sl 119,105).

Por tal centralidade que a *Torá* ocupa na vida do povo judeu, emerge, dessa relação, uma característica única: a valorização do estudo da *Torá*. Este estudo segundo Ramos, para os judeus contemporâneos de Jesus, deve ser aplicado na vida: "Muito mais se ocupa com o objetivo de tornar a Escritura como parte concreta da vida das pessoas, do que propriamente mero conhecimento intelectual. Portanto, estudar a *Torá* é o princípio existencial daqueles que a estudam" (2016, p. 35).

O grupo farisaico não era composto, na sua grande maioria, por membros que pertencia à elite, ao invés disso, era formado, como dito acima, por cidadãos comuns. Não se pode negar o fato, por terem emergido do meio da classe simples tenha isto contribuído para o notável prestígio que obtiveram no meio do povo, como afirma Malca e Miranda "os fariseus eram um grupo leigo, heterogêneo e piedoso. Falavam a língua do povo, identificavam-se com suas vicissitudes e aspirações" (2001, p. 57).

Na verdade, os fariseus eram considerados "separados" pelo fato de formarem grupos que tinham como objetivo a busca pela santidade, cujos membros ajudavam-se uns aos outros a alcançar esse fim. Os fariseus se dedicavam fielmente a observância correta da Torá, especializando-se em interpretar os textos sagrados para responder as indagações sobre aspectos morais e religiosos que eventualmente surgissem na reorganização de Israel.

Sabe-se que a prática religiosa dos fariseus basicamente estava vinculada ao estudo-busca da interpretação da *Torá* (tradição escrita e oral), chamado de *midrash*. Para Avril e Lenhardt o *midrash* como leitura-busca trata na verdade de "uma busca amorosa do Senhor, do sentido da sua Palavra, para pô-la em prática" (2018, p. 36). Era através desse estudo-busca que eles, os fariseus, retiravam ensinamentos, que os ajudavam no exercício de santificação. O objetivo maior dos fariseus, nada mais era do que proporcionar a seu grupo e ao povo não somente as palavras da *Torá* puramente como estão escritas, queriam também com isso um aprofundamento espiritual que a mesma *Torá* pode oferecer se for interpretada e aplicada no dia a dia.

> Para os fariseus, todo ato da vida cotidiana podia ser santificado. Eles não consideravam a Torá uma lei no sentido jurídico atual do termo. A Torá era uma norma de vida para a santificação do homem. O desejo de santidade dos fariseus era representado como a construção de um Templo santo e imperecível. [...] A separação dos fariseus significava buscar ser puro e santo. "Sede santos para mim porque eu sou santo" (Lv 20,26). (MALCA; MIRANDA, 2001, p. 98)

Se a *Torá* é "ensinamento e prática", o trabalho dos intérpretes, de um modo especial os fariseus, ao estudar a Palavra de Deus, é buscar nela o ensinamento atualizado para a vida da comunidade. Neste sentido, ou seja, da leitura-busca, desenvolveu-se dois importantes aspectos do *midrash*: *halakhá* e *haggadá*.

a) A palavra *halakhá* vem do verbo 'andar', 'ir' (D. I. T. A. T., 1998, p. 355). Daí resulta o sentido de preceito, lei ou norma de conduta, que implica sempre numa maneira de andar, segundo os caminhos do Senhor e os preceitos da *Torá*;

b) A palavra *haggadá* vem do verbo 'contar', 'tornar conhecido' (D. I. T. A. T., 1998, p. 914), diz respeito a tudo o que, na área da interpretação, não visa à norma de conduta, mas sim as crenças, à teologia.

Na verdade, de acordo com a perspectiva desses tipos de *midrashim*, a *halakhá* se referia quase que exclusivamente a *Torá* de Moisés, isto é, os cinco primeiros livros da Bíblia (Pentateuco), pois é lá que se encontram os mandamentos, enquanto que a *haggadá* se estendia a qualquer livro da Bíblia hebraica. Ademais, sintetiza Água Perez: "dentro dessas duas categorias gerais de recurso à Escritura apresenta-se: o que Israel devia 'ser' (*haggadá*), e o que devia, consequentemente, 'fazer'" (*halakhá*) [...]" (PEREZ, 1985, p. 35).

Assim, pode-se dizer que a característica principal dos sábios fariseus era a preocupação que tinham em apresentar ao povo prescrições bem fundamentadas (na Lei de Moisés) que os ajudassem a viver de maneira correta a Palavra de Deus.

> O estudo da torá e sua interpretação estavam entre suas primeiras preocupações. Reunidos em pequenas comunidades, respeitavam todas as prescrições anunciadas pelos mestres e eram considerados modelos de piedade religiosa. Mesmo minoritários, terminaram por levar seus pontos de vista ao conjunto da população e por impor regras de pureza antes restrita aos sacerdotes de Jerusalém. (MALCA; MIRANDA, 2001, p. 23)

2.5 Dois grandes Sábios fariseus

Não é possível falar dos fariseus sem fazer menção a dois importantes nomes da tradição farisaica que deixaram suas marcas na história de Israel e do Judaísmo: Hillel e Shammai.

Hillel e Shammai pertencem à primeira geração dos *Tanaim* iniciaram suas atividades ainda no reinado de Herodes, eles são fundadores de duas escolas que levaram seus nomes (*Bet Hillel e Bet Shammai*).

Durante gerações houve disputas de pontos de vista entre as duas até finalmente prevalecer a da Casa de Hillel. O *Talmud* Babilônico nos traz, numa única frase, a conclusão: "Ambas são as palavras do Deus vivo, e a decisão está de acordo com a casa de Hillel."

Hillel era conhecido por sua humildade e amabilidade e Shammai por sua integridade, mas rígido. No *Talmud* se diz: "Que o homem seja sempre humilde e paciente como Hillel e não exaltado como Shammai".

Hillel foi o menos sentencioso e o mais tolerante dos sábios rabínicos. Falava a língua do povo, ao qual ensinava ética. Suas palavras refletem seu humanismo e bondade:

> Foi Hillel quem, pela primeira vez, ensinou a Regra de Ouro a um candidato a conversão, um resumo sucinto do judaísmo: 'não faças a outros o que não queres que te faça. Esta é toda a Torá, o resto é comentário'. Hillel criou as condições para possibilidade de controle racional da Torá. [...] A interpretação e a aplicação da lei no seu sentido literal puro, podem,

em algumas ocasiões, ser contrarias ao verdadeiro espírito da lei, simplesmente, por exemplo, porque mudaram as circunstâncias históricas para as quais a lei tinha sido criada. Por isso Hillel promulgava novos decretos (taqqnót), seguindo para cada caso as exigências do momento. Não se importava em mudar, se fosse preciso, a letra da lei, contanto que salvasse seu sentido e seu fim primordial. (MIRANDA; MALCA. 2001, p. 120).

Shammai, assim como Hillel, um líder religioso importante e grande na literatura rabínica, na *Mishná* compilação da Tradição Oral do Judaísmo feita no séc. II d.C. Ele era o par de Hillel (zugot),[2] sendo sempre mencionado junto a ele.

Conhece-se muito pouco sobre esse importante sábio de Israel. Nasceu na Judéia por volta do ano 70 a.C. Ele é sempre lembrado por suas características negativas. Homem rigoroso e muitas vezes mal-humorado. Seus discípulos são recrutados nas classes burguesas e tradicionais. Não aceita a conversão de gentios para o Judaísmo e é resistente a dominação estrangeira. Seus estudos e conhecimentos sobre a *Torá* são indiscutíveis e, como Hillel, contribuiu muito para a formação da *mishná* (Tradição Oral).

Sua preocupação fundamental era a de proteger os princípios fundamentais do Judaísmo e sua visão teológica era mais teocêntrica, ao passo que a visão de Hillel era mais voltada para a aplicação prática da *Torá* na vida normal das pessoas. Logo, a visão teológica de Hillel era mais antropológica.

2.5.1 Hillel

Nasceu na Babilônia por volta do ano 70 a.C., em uma família da descendência de Davi. Hillel é conhecido na literatura judaica por seu amor e dedicação a Palavra de Deus, pois acreditava que sua missão era de levar o conhecimento da Palavra de Deus (*Torá*) a todas as pessoas.

---

[2] A palavra hebraica *zugot* significa pares, pois assim eram apresentados os sábios, isto é, em pares. Dessa forma, sempre se podia conhecer opiniões, comentários distintos sobre o mesmo texto. Essas opiniões tornam os textos bíblicos atuais e ainda mais ricos. Como diz um antigo provérbio judaico: "Onde estiverem dois judeus, haverá três opiniões diferentes".

Por volta dos trinta anos, seu desejo por aprender a *Torá* o levou a Jerusalém para estudar na escola de Shemaiyah e seu empenho era tão grande que ele não media esforços para tornar isso realidade. Em Jerusalém vai trabalhar como lenhador o que não era o suficiente para lhe prover em suas necessidades passando assim grandes dificuldades. Conta-se que ele ganhava meio dinar por dia de trabalho e que ele utilizava metade disso para prover seu sustento e metade para dar a casa de estudos.

> Eles disseram sobre Hillel, o Velho, que todos os dias ele trabalharia e ganharia meio dinar, metade do qual ele daria para a guarda da sala de estudo e metade da qual ele gastaria para seu sustento e o sustento da sua família. Uma vez ele não encontrou emprego para ganhar um salário, e a guarda do salão de estudos não permitiu que ele entrasse. Ele subiu ao telhado, suspendeu-se e sentou-se à beira da clarabóia para ouvir as palavras da Torá do Deus vivo das bocas de Shemaya e Avtalyon, os líderes espirituais daquela geração. Os Sábios continuaram e disseram: Aquele dia era véspera de Shabat e era a estação de inverno de Tevet, e a neve caiu sobre ele do céu. Quando amanheceu, Shemaya disse a Avtalyon: Avtalyon, meu irmão, todos os dias a essa hora a sala de estudos já brilha com a luz do sol que entra pela clarabóia, e hoje está escuro; talvez seja um dia nublado? Eles focaram seus olhos e viram a imagem de um homem na clarabóia. Eles subiram e encontraram-no coberto de neve de três côvados de altura. Eles o soltaram da neve, e eles o lavaram e espalharam óleo sobre ele, e sentaram-se em frente à fogueira para aquecê-lo. Eles disseram: Este homem é digno de nós profanarmos o Shabat para ele. Salvar uma vida sobrescreve o Shabat em qualquer caso; no entanto, esse grande homem é especialmente merecedor. Claramente, a pobreza não é desculpa para o fracasso em tentar estudar a Torá (Talmud da Babilônia Yomá, 35b).

Seus ensinamentos eram mais flexíveis e amorosos, conforme o texto do *Talmud* (citado acima). Para Hillel não pode haver obstáculos que sejam maiores do que o desejo que brota no coração para o conhecimento da Escritura. Viveu ao longo de 120 anos, como Moisés (Dt 34,7), que foram divididos em três períodos, como os períodos da vida de Moisés (At 7,23.30.36), até os 40 anos trabalhou na Babilônia, dos 40 aos 80 foi estudar a *Torá* em Israel e dos 80 anos para frente assumiu a honraria de ser um grande sábio em Israel, sendo chamado de príncipe (em hebraico *nassi*).

Sua paixão pela Palavra de Deus e a preocupação em interpretar corretamente os textos era tão profundo que criou sete regras de interpretações do texto sagrado, para que ninguém corresse o risco de manipular a Palavra de Deus. Seu modo de ler e interpretar os textos da *Torá* influenciou profundamente o Judaísmo e sua memória é lembrada até nossos dias.

A humildade e a paciência de Hillel são características que o aproximam muito com as características de Jesus apresentadas pelos Evangelhos. Inclusive, é possível observar certas semelhanças entre alguns ensinamentos de Hillel e de Jesus.

2.5.2 Shammai

Shammai era um homem rígido, justo. Era pedreiro ou construtor e a tradição o apresenta como alguém impaciente e pouco amigável. Uma das histórias que se conta é que um dia, um homem veio à busca de Shammai e pediu para ser convertido: "Converter-me na condição de que você me ensina toda a *Torá*, enquanto eu estou apoiado em um só pé", Shammai empurrou-o para fora com a régua em sua mão, foi aí que veio Hillel e lhe disse: "O que não desejas para ti não o faças aos outros. Esta é a *Torá*, o resto é comentário. Vai e aprende.".

Em época de grande agitação social, Shammai foi uma grande influência, recusando-se a ser intimidado pela potência estrangeira. Ele cresceu também à sombra da opressão de Herodes, e acreditava sempre que era necessário ter uma postura firme para lidar com os adversários da tradição judaica. Quando Herodes apareceu na sala do *San'hedrin* (Sinédrio a suprema corte judaica), rodeado pela guarda real, armados, o silêncio reinava. Podia-se perceber o sentimento de intimidação naquela sala, quando, apenas Shammai, sem medo, levantou-se para falar contra ele. Passou então a fazer decretos para separar e proteger a comunidade judaica da influência de Herodes e dos romanos. Alertou sobre o perigo de Herodes a seus colegas, avisando-os de que ele iria dominá-los sem piedade. Na verdade, Shammai foi um dos poucos a sobreviver.

Mas mesmo sendo um homem de postura forte e tenaz em relação a assuntos jurídicos e políticos, quando observa-se quando cria nova *Halakhá* sua postura era outra, Shammai diz: "Cumprimente cada homem com um semblante alegre e um sorriso". Os preceitos morais da *Halakhá* estão associados aos sábios que não só ensinavam, mas viviam daquela maneira. Aqui, Shammai era um homem com um sorriso radiante e pronto, que seus colegas e discípulos conheciam tão bem.

Segundo o *Talmud*: "Que o homem seja sempre humilde e paciente como Hillel e não exaltado como Shammai". Isso pode soar como uma condenação, mas, na verdade, é um conselho: "Se você é como Shammai, e suas motivações são puramente por uma questão do Céu e do bem de Israel, então se pode ser tão severo com os outros como ele era".

> Na realidade, a preocupação em salvaguardar os princípios fundamentais e não tanto uma intransigência absoluta na aplicação prática da Lei. Segundo alguns autores, Shammai dirigia-se mais aos ricos, abastados e poderosos enquanto Hillel tinha presente a população mais simples e pobre. As diferenças entre as escolas devem-se seguramente a causas mais variadas e complexas. No campo teológico a perspectiva de Shammai era mais teocêntrica, a de Hillel mais antropocêntrica. Na relação com os gentios, Shammai era mais renitente a admissão de prosélitos enquanto Hillel mantinha uma relação mais próxima e amistosa. (MIRANDA; MALCA. 2001, p. 121)

Scardelai apresenta um importante texto da literatura judaica que nos mostra o pensamento e a ação desses dois importantes homens. Enquanto um faz bom uso da retórica para expressar sua tolerância, o outro mostra-se mais rigoroso e intransigente.

> Nossos mestres ensinaram: "Um homem deveria sempre ser humilde e afável como Hillel e nunca ser intransigente e impaciente como Shamai..." Aconteceu que um pagão se apresentou diante de Shamai e perguntou: "Quantas *Torot* (plural de *Torá*) tens?" Ele respondeu: "Duas: a *Torá* Escrita e a *Torá* Oral". Ele disse: "Quanto à *Torá* Escrita, eu creio em ti; quanto à *Torá* Oral, não creio. Faz de mim um prosélito, sob a condição de me ensinares apenas a *Torá* Escrita". Shamai enfureceu-se contra ele e,

irado, expulsou-o. O pagão apresentou-se, então, diante de Hillel. Este o tornou prosélito. No primeiro dia, Hillel lhe ensinou: "Alef, Bet, gimel, dalet" (primeiras letras do alfabeto hebraico). No dia seguinte, apresentou-lhe as coisas ao contrário. Disse o pagão: "Mas ontem não me disseste isso!" Hillel lhe disse então: "Portanto, tu confias em mim? Confia também no que diz respeito a Tradição Oral".

De novo, aconteceu que um pagão se apresentou diante de Shamai e disse: "Faz de mim um prosélito, sob a condição de me ensinares toda a *Torá* enquanto me mantenho sobre uma perna só". Shamai expulsou-o com um bastão que tinha na mão. O mesmo pagão se apresentou diante de Hillel. Este o tornou prosélito. Hillel lhe disse: "O que é odioso para ti, não o faças a teu próximo; isto é toda a *Torá* e o resto não passa de comentário; agora, vai e estuda..." Algum tempo depois, esses pagãos que se tinham tornado prosélitos encontraram-se em um mesmo lugar e disseram: 'A intransigência impaciente de Shamai quis nos expulsar do mundo, mas a humildade de Hillel nos aproximou e nos conduziu sob as asas da Presença Divina – *Shekkiná'* (Talmud da Babilônia Shabat 30b-31ª apud SCARDELAI, 2008, p. 144-145).

2.6 Os ensinamentos de Hillel e de Shammai nos ensinamentos de Jesus

Supõe-se que os ensinamentos de Jesus se aproximam mais da escola de Hillel do que de Shammai. Embora em alguns pontos sejam semelhantes também a Shammai e que suas divergências com alguns fariseus, excessivamente rigorosos, sejam justamente com alguns discípulos de Shammai. Entretanto, de forma alguma Jesus diverge do farisaísmo como um todo.

Podemos observar, por exemplo, que Hillel ao apresentar a regra de ouro, diz: "O que é odioso para ti, não o faças a teu próximo; isto é toda a *Torá* e o resto não passa de comentário; agora, vai e estuda...". O ensinamento de Jesus se assemelha ao de Hillel, dizendo: "Tudo aquilo, portanto, que quereis que os homens vos façam, fazei-o vós a eles, pois esta é a Lei e os Profetas" (Mt 7,12).

Na questão do divórcio observa-se que Hillel é favorável e Shammai é contrário. O ensinamento de Jesus se assemelha ao de Shammai. Este por sua vez, adotava uma linha mais rigorosa em relação ao tema ensinando. Tendo como ponto de partida o texto de Dt 24,1. Todavia, a única base para o divórcio era grave ofensa matrimonial. O que consistia em algo evidentemente impróprio ou indecente. Enquanto Hillel era mais brando, favorável que o homem se divorcia-se de sua esposa por qualquer motivo como, por exemplo, ao cozinhar ela queimasse o jantar do marido.

No evangelho segundo Marcos Jesus ensina: "Todo aquele que repudiar sua mulher e desposar outra, comete adultério contra a primeira; e se essa repudiar seu marido e desposar outro comete adultério" (Mc 10,11-12).

Ainda em Mateus fica evidente a posição de Jesus:

> Alguns fariseus se aproximaram dele, querendo pô-lo à prova e perguntaram: "é lícito repudiar a própria mulher por qualquer motivo?" Ele respondeu: "Não lestes que desde o princípio o Criador os fez homem e mulher? e que disse: Por isso o homem deixará pai e mãe e se unirá à sua mulher e os dois serão uma só carne? De modo que já não são dois, mas uma só carne. Portanto, o que Deus uniu o homem não deve separar". Eles, porém, objetaram: "Por que, então, ordenou Moisés que se desse carta de divórcio quando repudiasse?" Ele disse: "Moisés, por causa da dureza dos vossos corações, vos permitiu repudiar vossas mulheres, mas no princípio não era assim. E eu vos digo que todo aquele que repudiar sua mulher – exceto por motivo de 'prostituição' – e desposar outra comete adultério. (Mt 19,3-9)

O desconhecimento gera preconceitos

Ao ouvir a palavra fariseu principalmente no meio cristão, seja católico ou protestante, imediatamente associa-se a alguém hipócrita ou fundamentalista. O que não corresponde à realidade, mas sim a um rótulo carregado de um aparente antissemitismo crônico, sem nenhum fundamento real. Apenas baseado em alguns poucos trechos dos evangelhos sem a compreensão do contexto histórico e religioso em que foram escritos.

Jesus realmente conviveu com eles e é muito provável que tenha tido, de fato, algumas divergências de entendimento sobre a interpretação de algumas atitudes em relação à prática da *Torá*. Até mesmo é possível que tenha repreendido alguns. Mas também é verdadeiro que muitos dos seus amigos e até mesmo seguidores como, Nicodemos, José de Arimatéia, Paulo, todos eles eram fariseus.

Não é correto, nem justo que alguém carregue por toda história uma impressão tão negativa por conta de uma discussão, ou por não concordar com algumas ideias. Cabem aqui alguns questionamentos, com o propósito de nos ajudar no entendimento da questão. Será que nunca passamos por conflitos em nossa vida? E, justamente devido a esses conflitos, seremos marcados de forma negativa por toda vida? Ou ainda, poderíamos dizer que conflitos refletem manifestações, a partir de nossas inquietações existenciais em busca de respostas? Pensando dessa forma, deve-se concluir que ser fariseu não é necessariamente sinônimo de algo ruim, muito pelo contrário.

Injustiçados ao longo da história, de maneira particular pelo Cristianismo, mal interpretados e incompreendidos, ou mesmo diminuídos em sua missão. Os fariseus foram personagens de imensa relevância para a preservação da Religião judaica e por consequência do Judaísmo. Tanto no que se refere à fé, quanto a cultura. Foram homens fascinantes de profunda sabedoria e grande conhecimento. Estudiosos, dedicados a *Torá* sempre buscando a compreensão da vontade de Deus, empenharam-se em tornar esse conhecimento acessível a todos, de modo especial para aqueles que não sabiam ler e escrever. Eram pessoas que procuravam viver de forma prática o que aprendiam, diferente da classe sacerdotal dos saduceus que eram mais próximo aos governantes, pois formavam a aristocracia, de Israel no tempo de Jesus. E, por isso, procuravam agradar aos poderosos, pois sua própria condição dependia diretamente disso.

A fé como força inabalável

Como costume, o grupo dos fariseus, agrupavam-se em pequenas comunidades, em hebraico se diz "*havurot*", ou seja, associações religiosas, assembleias, que tinham seus líderes e juntos tomavam as refeições.

Sua principal preocupação era o estudo da *Torá* e sua interpretação para a busca de um melhor entendimento, pois assim poderiam conhecer e ensinar a vontade de Deus para todo povo. Descontentes e infelizes com a dominação dos romanos sobre seu país, rezavam dia e noite para que Deus os libertasse por intermédio do seu Messias. Como homens piedosos (*Hassidim*), os fariseus eram devotados à vida religiosa, esperando pela vinda do Messias e da implantação do seu Reino: o Reino de Deus.

Tornaram-se os maiores opositores dos saduceus (classe sacerdotal) chamados em hebraico de "*Tzadokim*", que significa justos. Esses eram conservadores, ligados a aristocracia e legítimos detentores da liderança religiosa e do sumo-sacerdócio. Aliás, como tido anteriormente, esse era um cargo de indicação do governador ou procurador romano, e podia revogá-lo a qualquer momento em que se sentisse desagradado. O que denota o empenho dos saduceus em fazer a vontade de Roma visando a autopreservação e a manutenção de seus privilégios no comando do serviço religioso em Israel.

Os fariseus na busca pela melhor interpretação das leis mosaicas (*Torá* escrita e oral), começam a fazer discípulos, e o seu número crescia constantemente, se dizia deles: "os fariseus são tidos como os mais perfeitos conhecedores de nossas leis e de nossas cerimônias" (JOSEFO, 2015, p. 1106). Continua Josefo descrevendo os fariseus e os saduceus: "enquanto os fariseus são sociáveis e vivem em amizade uns com os outros, os saduceus são naturalmente rudes e vivem mesmo grosseiramente entre si, como se fossem estrangeiros". O conflito entre o grupo dos fariseus e dos saduceus crescia e alcançava seu ponto mais alto na época do rei e sumo sacerdote hasmoneu, Alexandre Janeu, que reinou entre 103 e 76 a.C..

Assim, os fariseus tornaram-se fundamentais na construção do Judaísmo rabínico. "Com a perda do Templo, coube à geração dos sábios fariseus (*tannaim*) a missão de reconstruir a vida nacional e religiosa do povo judeu" (SCARDELAI, 2008, p. 120). Considerados sábios, são assim reconhecidos na literatura rabínica. Entre eles grandes mestres se destacaram ao longo dos anos. Enriquecendo com sua sabedoria a cultura e a religiosidade judaica. Ensinando os princípios da *Torá* como centralidade para vida em sociedade.

Realmente temos muito a aprender com seus ensinamentos. Vejamos o ensinamento de Rabbi Shimon que nos fala sobre "Os Atos de bondade: Pilar do Judaísmo":

Shimon, o Justo, um dos últimos participantes da Grande Assembleia, afirmava: "Sobre três coisas se sustenta o mundo: o estudo da Torá, o serviço Divino (a oração) e guemilut chassadim, os atos de bondade". O judaísmo ensina que o homem é o único ser que possui livre arbítrio e que pode, de forma consciente, beneficiar seus semelhantes ao praticar atos de bondade - guemilut chassadim, em hebraico. A Torá e nossos sábios ensinam que a bondade, a generosidade, a ética e a responsabilidade coletiva constituem parte integral dos mandamentos Divinos transmitidos para o povo judeu no deserto do Sinai. O mandamento de guemilut chassadim vai além da prática da tzedaká e inclui qualquer ato de bondade que é feito a outro. Mais especificamente, inclui emprestar dinheiro ou objetos, ser hospitaleiro, visitar e confortar os doentes, dar roupas a quem o necessita, auxiliar e alegrar noivas e noivos, enterrar os mortos, consolar os enlutados e promover a paz entre pessoas. Um simples sorriso, uma palavra bondosa e um ouvido atento em um momento de aflição são também atos de bondade. Cada vez que estendemos a mão a alguém que precisa de ajuda estamos cumprindo esse mandamento. Desde seus primórdios, o judaísmo e a prática de guemilut chassadim são inseparáveis e entrelaçados, pois sem compaixão, moralidade e justiça social não há como manter uma sociedade ou sustentar a humanidade. Ensinam nossos sábios: "Se Israel considerasse as palavras da Torá que lhe foi dada, nenhuma nação ou reinado teria domínio sobre esse povo. E o que a Torá pede que se faça? Que se aceite sobre si o jugo do Reinado Celestial e que os membros do povo de Israel pratiquem, uns com outros, atos de bondade". O Midrash vai mais longe e revela que a prática de atos de bondade é a pedra fundamental, o pilar sobre o qual se ergue todo o universo. O judaísmo ensinou ao mundo que o homem foi criado à "imagem de Deus". Isto significa que o ser humano é um microcosmo dos atributos e qualidades Divinas. Portanto, assim como a bondade, a generosidade e a compaixão do Todo-Poderoso se estendem a todos, o homem deve buscar fazer o mesmo (Pirkei Abot - A Ética dos Pais, Edição 45 - 2004).

Tempos difíceis

Vivemos um tempo marcado por fundamentalismos e fanatismos religioso, onde cada um sustenta sua própria verdade. Essa categoria religiosa, por assim dizer, constitue-se através de leituras e interpretações superficiais e instrumentalizadas dos textos sagrado. Leituras dessa forma impedem o conhecimento e geram preconceitos. Neste sentido, é preciso romper com esse fechamento e estreiteza de visão. Abrir os olhos e conhecer as origens da fé cristã. O Cristianismo nasce do Judaísmo. Compartilhamos do mesmo "patrimônio comum", como bem nos lembrou a Declaração *Nostra Aetate*. Logo, para conhecer melhor a fé cristã, deve-se estabelecer uma relação de diálogo com a tradição judaica. Basta partir do seguinte princípio, Jesus é judeu, nasceu em um mundo judaico, viveu a fé judaica, foi circuncidado (Lc 21), apresentado no Templo (Lc 2,22), ensinava nas sinagogas (Lc 4,16), conversava com os doutores da Lei e com os fariseus no Templo (Lc 2,46). De certo, também aprendeu com eles, bem como com toda riqueza cultural na qual estava inserido e utilizou-se disso em suas pregações.

É preciso, fundamentalmente, levar em conta o contexto histórico em que os evangelhos foram escritos, isto é, os costumes e o que acontecia no momento com o povo daquele período. Sabemos que passavam por uma a violenta dominação imposta pelo Império romano. Viviam uma situação de extrema miséria e descaso por parte das autoridades do seu povo, pois estavam ligadas ao império. Soma-se a essas questões, um novo grupo religioso que agora surgia entre os judeus e que diziam ser eles o verdadeiro Israel (o grupo dos cristãos). Sem essa compreensão, o texto com essas questões, torna-se quase impenetrável. Portanto, por serem de difícil entendimento, facilmente criam-se pretextos para suas explicações.

2.7 Jesus, o Sábio de Nazaré

Como conhecer Jesus, sem também considerar o mundo em que ele próprio vivia, quem estava ao seu redor e as fontes das quais aprendeu enquanto crescia? Afinal, Jesus foi educado e aprendeu a *Torá*. Conforme nos ensina o evangelista Lucas "E o menino crescia, tornava-se robusto, enchia-se de sabedoria; e a graça de Deus estava com ele" (Lc 2,40).

É possível notar através dos ensinamentos do próprio Jesus a influência do mundo farisaico. Alguns ensinamentos de Jesus eram idênticos aos dos fariseus, bem como alguns ensinamentos dos fariseus são semelhantes aos de Jesus; o que dizer disso? Podemos notar isso na bem conhecida regra de ouro.

→ **Hillel** (sábio que viveu por volta dos anos 50 a.C.): "Não faça aos outros o que não deseja que façam a você, esta é toda a *Torá*, o restante é comentário, vai e pratica isto" (*Talmud Bavil Shabat* 31a).

→ **Jesus:** "Tudo, quanto, pois, quereis que os homens vos façam, assim fazei-o vós a eles, porque esta é a *Torá* e os Profetas" (Mt 7,12).

Os fariseus são considerados sábios, mestres (rabis) de sua época e sempre buscaram a Deus através dos estudos e da compreensão da Torá, aliado com sua observância diária. Dessa forma, aplicando seu coração na busca da sabedoria que vem de Deus.

Jesus também é visto como um sábio. Em seu contexto foi chamado de Rabi, Mestre (Jo 1,38), que tinha discípulos e o seguiam no intuito de com Ele aprender a prática da *Torá*. Nota-se com isso alguma semelhança?

> A maior proximidade existe, sem dúvida, entre Jesus e os fariseus. Sua crítica de Jesus mostra que eles o avaliam com critérios especiais - como se ele fosse um mestre próximo a eles. K. Berger (Jesus) resume a oposição e a proximidade da seguinte forma: os fariseus representam uma noção defensiva de pureza. Desse modo, eles estão empenhados em evitar contaminação pela impureza. Jesus, ao contrário, defende uma noção ofensiva de pureza: não é a impureza, mas a pureza que contamina. Mas o motivo fundamental é o mesmo: ambos querem santificar o cotidiano a luz de Deus.
> A relação pessoal de Jesus com os fariseus era, segundo as fontes, ambivalente. Ao lado de forte polêmica com os fariseus (Lc 11,37ss Q), encontramos, especialmente em Lucas, vestígios de relação amistosa. Os fariseus o avisam sobre Heródes Antipas (Lc 13,31ss.; 14.,1ss). Lucas vê o cristianismo como uma continuação da fé farisaica. O Paulo lucano evoca como cristão seu farisaísmo (At 23, 6ss.; 26,4ss.). (THIESSEN; MERZ, 1996, p. 162-252)

É inegável, portanto, a proximidade de comportamento de Jesus como Mestre e os mestres fariseus de sua época. Assim como a semelhança de ensinamentos. Amizade entre Jesus e muitos fariseus também é evidente. Então, por que, afinal, colocam-se os fariseus como inimigos mortais de Jesus?

Os Sábios e sua busca pela verdade

Os fariseus na busca pela sabedoria consumiam seus esforços e suas vidas. Eram homens verdadeiros em sua busca e, por isso, encontraram muitas respostas. Sendo capazes de sistematizar esse conhecimento. Levando adiante, preservando a fé e zelando pela identidade do seu povo: o povo judeu. Não se importavam onde estavam ou viviam, pois aprenderam que sua pátria, seu território é a *Torá*.[3]

A busca da verdade é o que confere sentido para a vida das pessoas. Pensando e vivendo dessa forma, os fariseus sabiam que a vida só encontrava sentido para aqueles que a consumissem no estudo e na meditação da Palavra de Deus. A tradição judaica, portanto, trouxe-nos esse importante valor, isto é, a verdade revela-se para aqueles que se empenham em encontrá-la.

> O *Talmud* afirma que "o selo de Deus é a verdade". O Eterno é a fonte de todas as virtudes e da absoluta perfeição. Por que então, o "selo" de Deus é a verdade e não um dos outros Atributos Divinos, como a compaixão ou a justiça? De acordo com o sábio Maharal de Praga, isto demonstra que assim como Deus é Único, a verdade também é uma só, e assim como o Eterno é imutável, também a verdade o é. Todos os outros atributos são de certa forma, relativos. (Rabino Avraham Cohen é rabino da Sinagoga Beit Yaacov, São Paulo)

Aqueles que encontram a verdade encontram a fonte de toda a sabedoria, por isso a *Torá*, que revela Deus, é fonte de sabedoria, pois Deus é a Sabedoria.

---

[3] Leopold Zunz, historiador da religião judaica no século XIX, citado em artigo da revista Morashá (2001) diz que a *Torah* é "a pátria portátil dos judeus". Ideia semelhante havia sido expressa nove séculos antes pelo rabino Saádia: "Israel é um povo porque tem a Torah". In: http://www.morasha.com.br/leis-costumes-e-tradicoes/escritura-e-judaismo.html. Acesso 15 fev 2022.

Em hebraico a palavra utilizada para sabedoria é "chochmah" ou "chokmah", "a chave do bem supremo", que, para os hebreus, "...era a prática desinteressada da justiça e do 'amor-bondade' para com os seus semelhantes. Por meio do conhecimento, pela aplicação da razão, e pelas conclusões da compreensão, aquele que buscava a verdade podia alcançar um estado de graça interna pelo portal mais esplêndido de todos: a sabedoria de ser bom e de praticar o bem. O Sábio Talmúdico Rava deu uma definição em forma sucinta: 'O objetivo da sabedoria é o arrependimento e a realização de boas ações'...". (AUSUBEL, p. 164-165)

Nos sábios rabis observa-se a busca obstinada e desinteressada do bem comum a partir do conhecimento de Deus. Os fariseus se tornaram especialistas nessa prática e nos quatro séculos de sua atuação foram capazes de preservar o Judaísmo. Que muito provavelmente teria desaparecido se não fosse a fé desses grandes homens.

Exemplos são mais fortes do que discursos, já dizia um antigo provérbio. Ao longo da história dos fariseus podemos enumerar muitíssimos exemplos de homens de Deus que se destacaram por suas práticas, sabedoria e por seu empenho, de modo especial, na busca do conhecimento. É preciso aplicar o coração na busca de Deus, se pretende conhecê-Lo. Dedicar a vida ao aprendizado, caso deseja-se encontrá-Lo. Tal como ensina o grande escriba Esdras (Esd 7,10).

O fato é que os fariseus tiveram grande importância no desenvolvimento da fé judaica. Precursores do movimento rabínico, seu empenho em aprender, estudar, e ensinar a *Torá* levou a fé adiante. Mais do que os próprios sacerdotes. Coube aos fariseus o papel de desenvolver a fé judaica e seus ensinamentos.

Foram muitos os homens de grande valor, que viviam entre os fariseus. Exemplos de verdadeira dedicação a sua fé, legítimos referenciais de boa conduta e dedicação a Deus. Como Hillel, Yokhanan ben Zakai, ou Gamaliel, que foi mestre de Shaul ou Saul de Tarso (Paulo era seu nome no mundo gentílico). Aliás, se orgulhava do fato de ser fariseu (At 26,5), por sua dedicação a fé de seus pais (At 28,17). Se por um lado, Paulo perseguindo a Igreja nascente acabou encontrando em Jesus Cristo (At 9,1-6) suas próprias respostas. Por outro, é inegável que a sabedoria do Paulo de Tarso cristão, que conhecemos, e que se tornou alicerce para Igreja, tem origem farisaica. Até mesmo em seus costumes mais simples podemos notar características de um fariseu, como ele mesmo diz:

> Tanto bem queríamos que desejávamos dar-vos não somente o Evangelho de Deus, mas até a própria vida, de tanto amor que vos tínhamos. Ainda vos lembrais, meus irmãos, dos nossos trabalhos e fadigas. Trabalhamos de noite e de dia, para não sermos pesados a nenhum de vós. Foi assim que pregamos o Evangelho de Deus. (1Ts 2,8-9)

2.8 Paulo, o Sábio de Tarso

Paulo trabalhava como artesão, fabricante de tendas (At 18,3) o que evidencia um costume farisaico, já que era vedado ao fariseu cobrar para ensinar a *Torá*. Por isso mesmo os rabinos não ganhavam para ensinar a *Torá*, mas mantinham um trabalho do qual se sustentavam.

Paulo de Tarso, crendo em Jesus como o Messias, esperado de Israel, traz consigo a moral aprendida de seu mestre fariseu Gamaliel e ao anunciar o evangelho não queria viver da boa vontade da comunidade, mas trabalhava com suas mãos para prover o seu sustento.

> Em At 18,3, a profissão de Paulo, é chamada, em grego, de *ske·no·poi·ós*. Surgiram várias opiniões quanto ao tipo exato de artesão que esta palavra indica (se se trata dum fabricante de tendas, dum tecelão de tapeçarias ou dum fabricante de cordas); no entanto, numerosos peritos reconhecem que "não parece haver motivos para abandonar a tradução 'fabricantes de tendas'". (NICOLL, 1967, Vol. II, p. 385).

Os fariseus valorizavam o trabalho. O próprio Paulo diz: "Aliás, quando estávamos convosco, nós vos dizíamos formalmente: 'Quem não quiser trabalhar não tem o direito de comer'" (2Ts 3,10). Pensamento farisaico da época.

Homens notáveis que se dedicaram a fé sem nenhum outro interesse a não ser mergulhar na Palavra de Deus. Trazem consigo profundo senso ético moral, injustiçados na história, por desconhecimento de sua importância junto a fé de seu povo. Disto depreende-se que não devemos criticar algo que não conhecemos, e não se pode conhecer algo sem estudo, dedicação, empenho e mente aberta para receber o novo que se apresenta a nossa frente.

Associar a figura do fariseu com alguém "hipócrita", que não vive o que ensina é um erro cometido principalmente por falta de conhecimento. Além de não corresponder com a realidade. Definir um grupo de pessoas a partir de um pré-conceito, por conta de conflitos com Jesus, que pode ter se dirigido a um indivíduo, ou até mesmo a uma pequena parcela de um grupo que não fosse exemplar em seu testemunho prático, não se justifica.

Não se pode generalizar e julgar uma categoria de pessoas, no caso os fariseus, a partir de leituras descontextualizadas e pontuais. Como se não tivessem nenhum valor ou fossem apenas homens de má índole, isso seria no mínimo insensatez. Eles formaram um grupo importantíssimo para o Judaísmo, como temos tido. É comum encontrar narrativas, ensinamentos que falam duramente contra o grupo dos fariseus e, por extensão do Judaísmo. Tamanho preconceito e desconhecimento pode acarretar ódio. Para que isso não ocorra, é preciso observar que:

> Não se pode excluir que certas referências hostis ou pouco favoráveis aos Judeus tenham como contexto histórico os conflitos entre a Igreja nascente e a comunidade judaica. Certas polêmicas refletem condições de relacionamento entre Judeus e Cristãos, bastante posterior a Jesus. (Diálogo da Igreja Católica com o Judaísmo, p. 35).

Esses homens se distinguiam em sabedoria. Empenhavam-se em adquirir mais conhecimento sobre a vontade de Deus a partir da *Torá*.

2.9 O Mestre dos mestres

Jesus, de fato, não é alguém comum em seu meio, se destaca e logo chama atenção. Lucas ressalta que Ele crescia em sabedoria e santidade. O que denota que, de alguma forma, Jesus se dedicava ao aprendizado da *Torá* e estava recebendo algum tipo de formação, pois "o menino crescia, tornava-se, robusto, enchia-se de sabedoria; e a graça de Deus estava com ele" (Lc 2, 40).

O evangelista Lucas, se referindo ao menino Jesus com doze anos, faz memória de um importante ritual judaico chamado de *bar mitzvá*. Eis o texto: "Três dias depois, eles o encontraram no Templo, sentado em meio aos doutores, ouvindo-os e interrogando-os; e todos os que o ouviam ficavam extasiados com sua inteligência e com suas respostas" (Lc 2,46-47). Acreditamos que a narrativa faz alusão ao rito de passagem, da tradição judaica. Marcando a maioridade religiosa de Jesus. Ou seja, o menino nessa idade não responde por suas culpas, seus pais são os responsáveis. Entretanto, ao passar pelo rito, se torna adulto e deve assumir suas responsabilidades diante da comunidade. Passando, a responder por seus atos perante Deus, segundo a Lei. Jesus, conversando com os doutores da Lei, exerce seu direito de participar da comunidade religiosa. Direito que lhe é concedido agora que se tornou homem. Tem garantido por sua cultura voz e vez na vida da comunidade. Pode perscrutar a *Torá* para dela encontrar normas de vida. Ele demonstra grande sabedoria impressiona seus interlocutores. É a primeira vez que Jesus fala a comunidade.

Embora sua ética e sua conduta sejam muito próximas e facilmente comparadas a dos fariseus. Jesus traz também alguns elementos de pensamentos dos essênios. Outro grupo de sua época. O que indica que teve contato com esse grupo. O próprio João Batista é indicado por biblistas e historiadores como provável essênio.

> Segundo Jesus, os bens são um obstáculo para a virtude, "Filhos, como é difícil entrar no reino de Deus! É mais fácil um camelo passar pelo fundo de uma agulha do que um rico entrar no Reino de Deus!" (Mc 10,24-25). Para ambos, os essênios e Jesus, a pobreza, a humildade, a pureza e a simplicidade não sofisticada de coração eram as virtudes religiosas essenciais. Jesus e os essênios pensavam que, no futuro divino prestes a chegar, os paris sociais e os oprimidos tornar-se-iam os preferidos, "pois deles é o reino do céu", e os enlutados serão reconfortados. Jesus certamente não pretendia que atribuíssemos uma tendência sentimentalista a estas palavras, como provam as "maldições", dirigidas aos "ricos", aos "saciados", e "aqueles que riem" (Lc 6,24-26). Todos estes sofrerão e chorarão ao chegar o fim dos dias. (FLUSSER, 1998, p. 71)

Jesus deixa claro que seu Reino não é desse mundo (Jo 18,36), e o padrão de vida religiosa que ele imprime é bastante exigente e comprometedor. Sua proposta de vida radical por vezes ultrapassa a dos essênios e dos fariseus. Entretanto, está profundamente enraizado nas mais nobres e antigas tradições de seu povo. Essa postura diante da vida permite-nos afirmar que Jesus foi um judeu singular, que vive e ensinou a fé judaica como poucos.

É preciso compreender que o Cristianismo nasce no meio judaico, a partir dos ensinamentos de um judeu, Jesus de Nazaré. Por mais que se queira é impossível dissociar a pessoa de Jesus da descendência de Abraão (Mt 1,1). Fazer isso, por si só, é um desrespeito contra a própria história do Cristianismo que se encontra enraizado no Judaísmo. Jesus não é alguém fora do contexto, embora seja superior a todos os homens em sabedoria e santidade.

Segundo FLUSSER, pode-se facilmente comparar o seu conjunto de ensinamentos sobre as bem-aventuranças com escritos judaicos da época como os pré essênicos, e o "Testamento de Judá":

E haverá um só povo do Senhor e uma só língua;
E não mais existira o espírito do erro de Belial,
Pois ele será lançado ao fogo para todo o sempre.
E aqueles que morreram no sofrimento ressuscitarão na alegria,
E aqueles que se encontram na penúria tornar-se-ão ricos,
E aqueles que passam por necessidade saciar-se-ão na fartura,
E aqueles que são fracos receberão sua força,
E aqueles que foram levados à morte, em nome do Senhor, acordarão para vida.
E os cervos de Jacó correrão com satisfação,
E as águias de Israel voarão com alegria
(Mas os descrentes lamentarão e os pecadores chorarão),
E todos glorificarão o Senhor para todo o sempre.

E Jesus ensinou as multidões no sermão da montanha:

Vendo ele as multidões, subiu à montanha. Ao sentar-se, aproximaram-se dele os seus discípulos. E pôs- se a falar e os ensinava, dizendo:

'Bem-aventurados os pobres em espírito, porque deles é o Reino dos Céus.
Bem-aventurados os mansos, porque herdarão a terra.
Bem-aventurados os aflitos, porque serão consolados.
Bem-aventurados os que têm fome e sede de justiça, porque serão saciados.
Bem-aventurados os misericordiosos, porque alcançarão misericórdia.
Bem-aventurados os puros de coração, porque verão a Deus.
Bem-aventurados os que promovem a paz, porque serão chamados filhos de Deus.
Bem-aventurados os que são perseguidos por causa da justiça, porque deles é o Reino dos Céus.
Bem-aventurados sois, quando vos injuriarem e vos perseguirem e, mentindo, disserem todo o mal contra vós por causa de mim.
Alegrai-vos e regozijai-vos, porque será grande a vossa recompensa nos céus, pois foi assim que perseguiram os profetas, que vieram antes de vós'. (Mt 5,1-12)

Na verdade Jesus eleva os ensinamentos judaicos a outro nível, mas sem nunca deixar de ser judeu. Ele dá cumprimento à lei, mas de outra forma. Sua visão é por vezes constrangedora aos outros mestres, às vezes lembra Hillel, outras vezes Shammai. Em outras ocasiões ainda, lembra tradições mais antigas. O fato é que ele não é apenas mais um sábio. Ele é o Mestre e possui um total conhecimento da *Torá*, a partir disso propõe práticas desafiadoras.

> Jesus não apresenta sua mensagem como uma coisa totalmente nova, como se fosse o fim de tudo o que a tinha precedido. Ele era e permaneceu um judeu, ou seja, ligava sua mensagem à tradição dos crentes de Israel. Ele não tratou o Velho Testamento como uma coisa antiquada e já superada. (Bento XVI, então Cardeal Ratzinger, Prefeito da Congregação para a Doutrina da Fé, *Principles of Catholic Theology*, 1982, p. 95)

Seus ensinamentos, suas práticas, a partir da *Torá*, são tão superiores que causam incomodo em alguns. Principalmente nos mais próximos. Os poderosos de seu tempo, os que mais temem os ensinamentos de Jesus não são os fariseus que eram essencialmente homens do povo, mas aqueles ligados a aristocracia porque tinham mais a perder, no caso os saduceus. Eles não acreditavam na vida eterna, seja através da ressurreição, ou mesmo em julgamento futuro. Nessa perspectiva de valores, esses são os que mais têm a perder, pois tudo o que acreditam ter, enquanto privilégios ou vantagens vigoram apenas nessa vida. Estando, portanto, muito mais ligados à necessidade de se manter na posição em que estão. Sentiam-se ameaçados pela pregação de Jesus, que não era visto como mais um mestre, mas sim como alguém com imenso potencial de lhes causar grande prejuízo.

Isto fez com que alguns como Caifás, que era o sumo sacerdote na época, tramasse a morte de Jesus junto a Pilatos. Alguém com um ensinamento forte e provocador assim continha potencial de causar sérios problemas. Colocando em risco os privilégios do grupo dos saduceus e o poder da autoridade romana. O que torna evidente o fato de dizer que: "os judeus mataram Jesus" é um erro. Não foram os judeus que mataram Jesus. Em primeiro lugar, poder-se-ia dizer, do ponto de vista teológico, quem matou Jesus foi o pecado de toda humanidade. Afinal, Ele se fez pecado por causa de nós (2Cor 5,21). Em segundo lugar, de forma mais objetiva, dir-se-ia que foram os romanos que mataram Jesus com a contribuição de alguns judeus. De modo especial os saduceus, pois esses estavam ligados ao poder romano e tinham muitos interesses em conservar seus privilégios.

A aliança de Deus com o povo judeu nunca foi rompida, tampouco revogada ou substituída (Rm 11,29). O próprio Jesus nunca negou essa aliança. Ainda que tenham se passado séculos onde faltou luz ao tema, a partir do Concílio do Vaticano II a Igreja retoma essa temática com muita clareza e nos convida a uma nova reflexão sobre o povo de Deus. De um modo especial, composto por judeus e cristãos, sem, todavia, se esquecer dos demais povos.

> Um olhar muito especial é dirigido ao povo judeu, cuja Aliança com Deus nunca foi revogada, porque "os dons e o chamamento de Deus são irrevogáveis" (Rm 11, 29). A Igreja, que partilha com o Judaísmo uma parte importante das Escrituras Sagradas, considera o povo da Aliança e a sua fé como uma raiz sagrada da própria identidade cristã (cf. Rm 11, 16-18). Como cristãos, não podemos considerar o Judaísmo como uma religião alheia, nem incluímos os judeus entre quantos são chamados a deixar os ídolos para se converter ao verdadeiro Deus (cf. 1 Ts 1, 9). Juntamente

com eles, acreditamos no único Deus que atua na história, e acolhemos, com eles, a Palavra revelada comum. (FRANCISCO, 2013, nº 247)

A partir do Concílio do Vaticano II tudo isso fica mais claro. Surge uma nova catequese. Olhamos para Jesus, judeu, inserido em seu contexto cumpridor da lei e dos mandamentos, conhecedor da *Torá*, dos patriarcas e dos profetas. Alguém que veio unir e não dividir. Que veio ensinar o amor e não o ódio e, muito menos, o antissemitismo. Que veio para salvar toda a humanidade, porém, começando pelo povo eleito de Deus, no seio de quem nasceu (Jo 4,22). É preciso fazer uma séria reflexão sobre os ensinamentos de Jesus e o que, de fato, vivemos como cristãos.

> Como vós sabeis, a velha teoria da substituição foi abandonado desde o Concílio Vaticano II... Portanto, a Igreja crê que o judaísmo, i.e., a resposta fiel do povo judeu à irrevogável aliança de Deus, lhes é salvífica, pois Deus é fiel às suas promessas. (Cardeal Walter Kasper, Presidente do Pontifício Conselho pela Promoção da Unidade dos Cristãos, Alocução ao Comitê Judeo-Católico, 21 mai. 2002; Christopher A. Ferrara, Thomas A. Woods, The Great Façade, p. 46)

Ao olhar atentamente os ensinamentos do Mestre e Senhor Jesus, ao responder fielmente seu chamado saber-se-ia que não há prova de amor maior do que amar ao próximo como a nós mesmos (Mc 12,31). Pois esse amor não julga o próximo (Mt 7,1-5). Entender-se-ia que seu sacrifício foi para redimir toda humanidade e que para tal contribuímos de alguma forma (Lc 24,25-27). Buscar-se-ia a paz e a harmonia entre os homens e jamais a discórdia e a perseguição. Se compreendesse verdadeiramente os seus ensinamentos os cristãos viveriam essas práticas e não apenas carregariam o nome. O problema é que, muitas vezes, se distorce o que Jesus ensinou a partir de uma visão fundamentalista. Por isso fica-se na superfície da fé e não se torna capaz de avançar a profundidade do mistério da salvação.

Os judeus esperam a vinda do messias, para os cristãos ele já veio e segundo sua promessa retornará. O que importa é que, seja a primeira, ou seja, a segunda vez que se espera, o fato mistagógico é que juntos, judeus e cristãos, esperam pela eternidade junto de Deus, enquanto espera-se deve-se viver seus ensinamentos de forma integral.

A espera judaica pelo Messias não é em vão. Ela pode se tornar para nós cristãos um poderoso estímulo para manter viva a dimensão escatológica de nossa fé. Como eles, também vivemos em expectativa. A diferença é que para nós aquele que está por vir terá os traços do Jesus que já veio e já se faz presente e atuante no meio de nós (Pontifícia Comissão Bíblica, O povo judeu e sua Sagrada Escritura na Bíblia Cristã, 2001).

CAPÍTULO III
Judaísmo e Cristianismo

3.1 A fé de Jesus nos une ao Judaísmo

Ao falar das relações entre Judaísmo e Cristianismo, se deve entender uma relação muitas vezes conflituosa, mas isso não significa dizer que sempre foi assim. De fato, a história dessas duas importantes religiões está marcada por encontros e desencontros, de continuidade e descontinuidade. Todavia, esses dualismos antes de ser oposição e substituição tratam-se dos dois lados da mesma moeda. Para dizer da relação íntima existente entre estas duas religiões.

Nota-se o resgate histórico que o Concílio Vaticano II, na declaração *Nostra Aetate*, faz ao tratar sobre o Judaísmo (nº 4), revelando assim a necessidade de uma aproximação entre as duas religiões:

> Sendo, pois, tão grande o patrimônio comum aos Cristãos e Judeus, este Sacrossanto Concílio quer fomentar e recomendar a ambas as partes mútuo conhecimento e apreço. Poderá ele ser obtido pelos estudos bíblicos e teológicos e ainda por diálogos fraternos.

No processo de continuidade entre Judaísmo e Cristianismo é possível perceber que o grande ponto de apoio para unir as duas tradições religiosas é a pessoa de Jesus Cristo.[1]

Miranda, assim apresenta de que modo Jesus se constitui como vínculo entre o Judaísmo e o Cristianismo:

---

[1] Para aprofundar o tema sugerimos a leitura de MIRANDA, Manoel. **As relações entre judeus e cristãos a partir do Evangelho segundo São João**, p.149-173. Coleção Judaísmo e Cristianismo, Volume VI.

Levar a sério a humanidade de Jesus é reconhecer que esta humanidade é construída por um conjunto de relações de uso de língua, assimilação de uma cultura, de uma maneira de pensar, falar e rezar. Se é levar em consideração a etapa decisiva que constitui o batismo, por João Batista, não se deve considerar essa etapa como uma ruptura em relação àquela que a preparou. Jesus não é um convertido, sua entrada na vida pública, sob à unção do Espírito, não está em desacordo com o seu passado, mas, ao contrário, seu passado é assumido e integrado à sua vida pública antes de o ser pelo Pai na ressurreição. (MIRANDA, 2018, p. 163)

E mais:

Criar uma ruptura entre judaísmo e Jesus é desligar o Cristo do que o precedeu, portanto, desumanizá-lo; é introduzir essa ruptura no interior do próprio Cristo. Definir a relação de Cristo com o judaísmo em termos de ruptura e contradição é colocar em causa a própria unidade da pessoa de Jesus. Aceitar, pois, Jesus, abraçando o cristianismo, é herdar toda essa herança judaica que está inerente Nele. Neste sentido, a própria pessoa de Jesus é um vínculo que une o cristianismo ao judaísmo. (MIRANDA, 2018, p. 163)

A vida de Jesus, com seus ensinamentos e sua prática, oferece os fundamentos necessários, que são próprios do Judaísmo, para que uma nova experiência religiosa aconteça entre seus discípulos, originando-se assim o Cristianismo. Jesus, portanto, como nos diz São Paulo, faz a nossa ligação com a história e a vida de seu povo:

Por isso vós, que antes éreis gentios na carne e éreis chamados de "incircuncisos" pelos que se chamam "circuncidados" (...) em virtude de uma operação manual na sua carne, lembrai-vos de que naquele tempo estáveis sem Cristo, excluídos da cidadania em Israel e estranhos às alianças da Promessa, sem esperança e sem Deus no mundo! Mas agora, em Cristo Jesus, vós que outrora estáveis longe, fostes trazidos para perto, pelo sangue de Cristo. Ele é nossa paz: de ambos os povos fez um só... (Ef 2,11-14)

De fundamental importância para nosso estudo é conhecer bem o contexto em que Paulo escreve sua carta. Como se sabe a comunidade dos efésios é de origem greco-romana (pagã), e, neste sentido, Paulo chama atenção para duas realidades próprias dessa comunidade. Ei-las:

1) Antes de conhecer Jesus Cristo:

"Lembrai-vos de que naquele tempo estáveis sem Cristo, excluídos da cidadania em Israel e estranhos às alianças da Promessa, sem esperança e sem Deus no mundo!" (v. 12);

2) Depois de conhecer Jesus Cristo:

"Foram trazidos para perto, pelo sangue de Cristo" (v. 13), ou seja, passam a ter tudo; cidadania em Israel, aliança, esperança e Deus. Portanto, os pagãos foram ligados ao judaísmo pela fé no Senhor Jesus Cristo.

Ainda, segundo a concepção de Paulo, os bens espirituais que a Igreja tem pertenciam, em primeiro lugar, aos judeus, aos circuncisos (Rm 9,4-5). Todavia, ela, a Igreja, os recebe através de Jesus que universaliza aquilo que pertencia, outrora, apenas a Israel. Ser salvo é ser incluído nas promessas dos judeus (Rm 11,16-18). Jesus Cristo é, portanto, o principal elo entre Cristianismo e Judaísmo.

Por ocasião da visita do Santo Padre São João Paulo II a Jerusalém, no dia 26 de março, em um domingo, do ano de 2000, ele se dirige ao Muro Ocidental (também chamado de Muro das Lamentações) e ali, após um momento de oração em silêncio, coloca numa fenda, entre as monumentais pedras que formam o grande Muro, um bilhete contendo uma oração com o pedido de perdão. A oração nos foi conhecida e dizia o seguinte:

Deus de nossos pais, Vós escolhestes Abraão e sua descendência para que o Vosso Nome fosse levado a todas as nações: estamos profundamente entristecidos pelo comportamento de quantos, ao longo da história, fizeram sofrer estes vossos filhos, e ao pedir-vos perdão queremos empenhar-nos numa autêntica fraternidade com o povo da aliança.

O papa São João Paulo II confirmou o ensinamento dos Bispos da Alemanha quando afirmou que: "quem se encontra com Jesus Cristo encontra-se com o Judaísmo", e o Mestre Judeu Chalom Ben Horin dizia que: "a fé de Jesus nos une e a fé em Jesus nos separa".

3.2 O ensinamento dos padres da Igreja sobre os judeus e o Judaísmo

Pouco a pouco o Cristianismo vai se constituindo como autêntica e legitima tradição religiosa. Entretanto, esse processo não ocorreu do dia para a noite. Foram necessárias algumas décadas marcadas por conflitos e disputas para que o Cristianismo se consolidasse como uma nova Religião.[2]

Como pontos de divergência que ocorreram, entre cristãos e judeus, que ao final de seu processo favoreceu o surgimento do Cristianismo, destacam-se alguns aspectos:

a) O contexto da época marcado por uma terrível opressão romana recupera uma tradição profética, cuja promessa era a de trazer a libertação para Israel. Neste sentido, cresce uma forte expectativa da presença messiânica junto ao povo que, por sua vez, provocará motins e revoltas contra a presença romana na Terra de Israel. Esse movimento de resistência, onde a figura messiânica ocupa um papel central, culminará com a destruição do Templo e a dispersão de muitos judeus de Jerusalém, bem como em cidades próximas, gerando com isso, uma nova reinvenção do culto e da fé na Religião judaica.

b) Dificuldades entre judeus, judeu-cristãos e gentios, no que se refere ao desenvolvimento de uma teologia cristológica/messiânica. Começam a demarcar pontos de divergência entre eles no que se refere sobre a pessoa de Jesus, pois muitos que não conheciam a Tradição judaica sentiam-se chamados a participar da Aliança de Israel através de sua fé em Jesus sem, todavia, acolher a herança cultural de Israel.

Embora esses pontos ainda não esgotem a questão, o fato é que contribuíram para uma possível ruptura entre Judaísmo e Cristianismo. Segundo Miranda, esse processo aconteceu de forma lenta e gradativa,

---

[2] Veja a obra, MIRANDA, Manoel. **As relações entre judeus e cristãos a partir do Evangelho segundo São João**.

pois: "a separação entre judeus e cristãos não ocorreu de uma só vez, foi lenta e complexa e pode ter durado até o IV século depois de Cristo" (2018, p. 149).

É possível perceber que nos primeiros séculos, do surgimento e desenvolvimento do Cristianismo, a Igreja nascente revela uma tolerância maior para com os judeu-cristãos, isto é, aqueles que vem da Religião judaica. Conhecedores da Tradição de Israel e creem em Jesus como o Messias prometido a seu povo. A eles, essa tolerância se estenderá até por volta do quarto século. Já em relação aos judeus tradicionais, isto é, aqueles que continuavam ligados a Religião judaica e não acreditavam que Jesus era o Messias esperado por Israel, a tolerância é bem menor e vai até por volta, aproximadamente, do segundo século.

Os padres da Igreja notando o modo como os judeus persistiam em sua fé e continuavam demonstrando claramente sua negação em aceitar a messianidade de Jesus de Nazaré, tal qual os cristãos acreditavam, reagiram a essa "obstinação" desenvolvendo uma nova teologia. A proposta dela era de apresentar argumentos teológicos desqualificando o povo de Israel. Outrora povo escolhido por Deus. Agora substituído pelo novo povo de Deus, isto é, a Igreja. Essa teologia criava uma mentalidade de substituição e fundamentava-se em uma característica central:

a) Mostrar a nulidade do Judaísmo, isto é, sua caducidade diante da novidade trazida pelo Cristo, novidade essa que os judeus "obstinados" (pérfidos)[3] persistem em recusar.

A literatura patrística neste domínio é vasta. Citar-se-á aqui apenas alguns dos autores que foram de grande importância para esse tipo de

---
[3] Seja lembrada a oração litúrgica chamada de Universal, rezada na sexta-feira santa pelos católicos romanos. Uma dessas orações é dirigida ao povo judeu que os qualificava com o adjetivo de "pérfidos", ou seja, desleais, traiçoeiros. A oração era assim recitada até antes do Concílio Vaticano II: "Oremos também pelos pérfidos judeus para que o Senhor lhes tire de cima do coração o véu, e que reconheçam conosco Nosso Senhor Jesus Cristo. Oremos: 'Onipotente e eterno Deus, que não recusais misericórdia mesmo aos pérfidos judeus, ouvi as preces que, por causa da sua cegueira, Vos dirigimos; afim de que, reconhecendo a luz da vossa verdade, que é Cristo, sejam enfim arrancados das suas trevas. Pelo mesmo Nosso Senhor Jesus Cristo. Amém'". Após a reforma litúrgica promovida pelo Vaticano II (1962-1965) a Igreja não utilizou mais esse adjetivo e passou a rezar dessa maneira: **"Oremos pelos judeus, aos quais o Senhor Nosso Deus falou em primeiro lugar, a fim de que cresçam na fidelidade de sua aliança e no amor do seu nome. 'Deus eterno e todo-poderoso, que fizestes vossas promessas a Abraão e seus descendentes, escutai as preces da vossa Igreja. Que o povo da primitiva aliança mereça alcançar a plenitude da vossa redenção. Por Cristo nosso Senhor'"**.

teologia em sua época. Embora esse seja um período marcado pelo ódio aos judeus e, portanto, nos remete a um momento delicado na História da Igreja, se faz necessário lembrá-lo com a firme esperança de que momentos como estes nunca mais se repitam na história.

3.3 Alguns Padres da Igreja e suas reflexões acerca dos judeus[4]

3.3.1 Justino e o diálogo com Trifon

Justino é o mais importante cristão apologeta grego do segundo século. Ele é autor da mais antiga apologia contra os judeus. Desenvolveram de modo sistemático e claro, argumentos contra os judeus, sem, portanto, chegar a atacar a própria dignidade deles. Nasceu em Flávia Neapoles, à antiga Siquém, na Palestina. Seus Pais eram pagãos. Apesar de ter escrito várias obras apenas três chegaram até nós. Duas apologias contra os pagãos e um Diálogo com o judeu Trifon. É sobre essa obra que vamos falar.

O Diálogo com Trifon é a mais antiga apologia cristã contra os judeus. Infelizmente não possuímos o texto completo. A introdução e uma grande parte do capitulo 74 foram perdidos. O diálogo com Trifon narra uma discussão de dois dias com um judeu instruído, provavelmente um rabino. Esta conversação segundo Eusébio (Hist. Ecl., 4, 18, 6) se passa em Éfeso. Para fundamentar suas teorias Justino, conhecedor da Bíblia de *cor*, vai buscar apoio nos textos proféticos ou em passagem das Escrituras, onde Israel é criticado duramente. Grosso modo, a teologia de Justino resume-se nos seguintes pontos:

a) Sobre as Escrituras

Não sou eu quem empregou estas palavras, eu não as embelezei de artifícios humanos; Davi as cantou, Isaias as anunciou, Zacarias as pregou,

---

[4] Agradecemos a permissão desses apontamentos ao prof. Me. Pe. Manoel Miranda que elaborou esse texto para sua disciplina: INTRODUÇÃO À HISTÓRIA DAS RELAÇÕES ENTRE JUDAÍSMO E CRISTIANISMO, ministradas no curso de CULTURA JUDAICO-CRISTÃ, HISTÓRIA E TEOLOGIA, no CENTRO CRISTÃO DE ESTUDOS JUDAICOS (CCDEJ). Instituição de Ensino mantida pela Congregação dos Religiosos de Nossa Senhora de Sion, Vila Mariana, São Paulo.

Moisés as escreveu. Tu as reconheces, Trifon? Elas estão nas vossas Escrituras, ou antes de tudo não nas vossas, mas nas nossas Escrituras, porque nós nos deixamos persuadir por elas, enquanto vós as ledes sem compreender o Espírito que se encontra nelas.

Para Justino, tudo está mais do que claro, os judeus não souberam interpretar as Escrituras, não as seguiram como deveriam por isso mesmo eles as perderam, as Escrituras se encontram agora nas mãos dos cristãos, os verdadeiros donos. Estas Escrituras testemunham a messianidade do Cristo. Se os judeus não aceitam este testemunho é por causa da estupidez deles. Se este povo não fosse cego nem surdo eles compreenderiam que a circuncisão foi abolida e que a primeira Aliança foi definitivamente substituída pela nova Aliança.

b) Sobre Israel

Existem duas posteridades de Judá, duas raças como duas casas de Jacó, uma é nascida da carne, do sangue e a outra da fé e do Espírito. A raça israelita verdadeira e espiritual, raça de Judá e de Jacó e de Abraão que na não circuncisão recebeu de Deus o testemunho pela a fé, que foi bendito e chamado o pai do povo numeroso, somos nós, nós (os cristãos) que o Cristo crucificado conduziu em direção de Deus.

Para Justino, os judeus são israelitas apenas segundo a carne, eles não têm direito nas promessas, pois estas foram dadas a verdadeira raça que é a raça espiritual, essa raça são os cristãos. A teologia de Justino é mortífera para os judeus. Ele não vê nenhuma continuidade entre Israel bíblico e os judeus do seu tempo. Ele deixa o povo judeu desprovido de Escritura, Aliança, e do status de povo de Israel, pois a Bíblia fala da raça Espiritual e não dessa raça carnal.

Nos séculos seguintes o ensinamento da patrística não sofrerá nenhuma modificação. Numa Igreja, agora, completamente de origem pagã, o antijudaísmo tende a se ligar a um antissemitismo vulgar nascido no mundo pagão e alimentado no meio cristão com argumentos pseudoteológicos.

3.3.2 João Crisóstomo

Não se sabe exatamente a data de nascimento de Crisóstomo. Possivelmente teria nascido entre 344 e 355 em Antioquia. Sua família era cristã e relativamente rica. Depois de várias experiências místicas e de uma intensa formação, Crisóstomo é ordenado diácono em 381, em 386, será ordenado presbítero. Bem formado, ele se ocupa de suas funções de padre com grande zelo e sabedoria durante 12 anos o que vai lhe garantir o título de maior orador sacro. Foi neste Período que ele pronunciou suas homilias mais célebres. Todo Esse período feliz se termina em 398 quando o Patriarca de Constantinopla morre e João Crisóstomo é chamado para substituí-lo. Em 398 ele é levado quase que a força a Constantinopla para ser sagrado bispo, pois, ele não demonstrou nenhum interesse a sua nomeação.

Crisóstomo foi um homem fiel à sua Igreja e humilde, a ponto de passar muitas vezes por inocente. No entanto com relação aos judeus, ele é considerado como um dos padres mais violento, mestre incontestável das imprecações contra os judeus. É possível encontrar em suas obras todas as acusações e injúrias contra os judeus. É com ele que aparece melhor, com uma violência e as vezes com uma grosseria inigualável, essa fusão de argumentos populares e teológicos. Ao mesmo tempo faz uso de textos bíblicos contra os judeus. Este antissemitismo vai transparecer em todas as suas obras.

Escritor de vários tratados teológicos. Muitas de suas obras serão feitas em sermão, dos quais oito são contra os judeus. A maior parte de seus sermões foi escrito e pronunciado no outono. Mas não é por acaso que Crisóstomo escolheu esta data para pronunciar suas homilias, é no outono que se celebra as grandes festas judaicas. Entre elas destacam-se o Ano Novo (Rosh HaShanah), o dia do Perdão (Yom Hakipur) e Tendas (Sucot).[5] Essas festas atraiam um grande número de cristão que transitavam ainda entre Sinagoga e Igreja. Pronunciando suas homilias contra os judeus neste período, o objetivo de Crisóstomo é de impedir

---

[5] Para aprofundar o tema das festas bíblicas confira, MIRANDA, Manoel; RAMOS, Marivan. **O ciclo das festas bíblicas na Escritura e na Tradição judaico-cristãs**. Coleção Judaísmo e Cristianismo. Volume XVI.

os cristãos de participar destas celebrações, mostrando a falta de sentido de tais festas para a fé cristã.

O primeiro sermão é talvez o mais característico. Ele é dividido em parágrafos, em cada parte com uma acusação diferente contra os judeus. Para fundar tais acusações tradicionais ele se apoia nos textos bíblicos que manipula com uma facilidade lógica quase incontestável. Assim já no começo do sermão I se apoiando no livro de Oséias 4,16, Crisóstomo ataca diretamente a pessoa do judeu que ele compara a animais:

> Os judeus, nos diz o orador, que foram cobertos de bens por Deus, os rejeitaram todos. Eles que eram filhos da adoção, se tornaram semelhantes aos cães. Não existe nada de mais miserável do que esse povo, que exasperam Deus não somente pela violação, mas também pela observação da lei. Quando era preciso observá-la eles a violavam, agora, que ela é abolida, eles se agarram a ela obstinadamente. Eles sempre resistiram o santo Espírito. Cabeça dura eles quebraram o jugo leve do Cristo, eles se identificaram aos animais privados de razão. (Sermão 1, 2 – p. 48,844 [Tradução de Marcel Simon Verus Israel, p. 256])

A comparação dos judeus com animais é algo que Crisóstomo soube explorar bastante, assim ele continua no mesmo sermão: "Dos animais os judeus têm a ferocidade e a gulodice". Todos os vícios dos judeus vêm daí. O texto que fundamenta esta afirmação de Crisóstomo é Dt 32,15 que diz: "Israel se empapou e tornou-se gordo o meu bem amado deu coice". Para Crisóstomo: "Os judeus vivem assim sob o império da embriagueis e da gulodice, caídos nos piores dos maus. Como um animal saciado e incapaz de trabalho, eles são bons apenas para o abate" (Sermão 1,4, p. 48,848).

Uma vez tendo atacado os judeus, Crisóstomo se volta diretamente as celebrações judaicas e, por conseguinte a própria Sinagoga. Assim ele diz:

> Glutões, beberrões e carnais, os judeus são até nos seus próprios jejuns, que são um insulto a Deus. O dia do grande perdão (festa de Yom Kippur) lhes é uma ocasião de festividades indecentes: eles dançam a pé descalços sobre as praças eles reúnem os corais de jovens efeminados e um gru-

po de mulheres vagabundas e de má vida. Eles conduzem todo o teatro à Sinagoga com toda gente em cena, pois, entre o teatro e a Sinagoga não existem diferenças (Ibid, 447).

O discurso grosseiro de Crisóstomo contra a Sinagoga não para por aí. Ele chega a comparar a Sinagoga com um covil de ladrões, um abrigo de bestas selvagens. E o profeta Jeremias desta vez lhe serve de referência, Jr 7,11; 12,7 onde está escrito:

Este Templo, onde meu nome é invocado, será por ventura um covil de ladrões a vossos olhos? Mas eis o que eu também vi, oráculo do senhor e ainda em 12,7: 'Eu abandonarei a minha casa, rejeitarei a minha herança, entregarei a minha amada nas mãos dos inimigos'.

Para Crisóstomo isto se aplica diretamente aos judeus. Deus abandonou os judeus, pois eles desconheceram o Pai, crucificado no Filho. Deus abandonou então a sinagoga que se tornou um covil de ladrão.
Depois de desclassificar a pessoa dos judeus, Crisóstomo se dirige aos simpatizantes dos judeus a quem ele tenta mostrar que os judeus não são pessoas frequentáveis assim ele diz: "como alguém pode fazer comercio com esses miseráveis, esses demoníacos, especializados em crimes e em mortes. Antes de tudo deve se fugir deles". E para mostrar o crime e a crueldade dos judeus ele se apoia no Salmo 106,37 diz o salmista:

Eles imolaram seus filhos e suas filhas aos demônios. Eles são, pois mais ferozes que todos os animais pois os animais as vezes dão a vida para salvar os seus filhotes, enquanto eles os massacraram com as próprias mãos para honrar os demônios. Do que mais se deve indignar da impiedade ou da crueldade deles?

Nos outros sermões Crisóstomo se dedica a discussão teológica de pontos precisos onde ele se mostra mais sereno. É somente no sexto sermão que a polêmica se torna novamente agressiva. Neste sermão, Crisóstomo se propõe em explicar a miséria presente do povo judeu. Ele faz assim uma recapitulação da história desse povo:

Eles adoraram o bezerro de ouro, eles tentaram matar Moises, eles blasfemaram contra Deus, imolaram seus filhos ao demônio. Apesar disso Deus multiplicou suas bênçãos para eles. Agora ao contrário que eles pararam com a idolatria, que eles não matam mais, nem seus filhos, nem os profetas, por que eles são condenados a um exílio eterno? É porque eles mataram o Cristo. Crime supremo que não lhes deixa nenhuma esperança de correção ou de ser perdoado. Eles compartilham agora a vergonha e a miséria. Os cristãos ao contrário, discípulos da vítima deles, são exaltados. Depois da morte de Cristo a profecia se calou em Israel, o Templo foi destruído, não há mais sacrifícios, nem sacerdotes. Não se solicita nada dos patriarcas atuais, eles não são sacerdotes, mas piratas, traficantes grandes mercantis saturados de todas as fraudes.

Crisóstomo não somente justifica a dura situação dos judeus em exílio, mas anula toda atividade religiosa judaica. O verdadeiro culto judaico parou com a morte de Cristo. Depois da morte de Cristo tudo foi renovado e nada do que existe no Judaísmo tem valor. O culto judeu é apenas uma caricatura de culto, tudo nos judeus agora é grotesco e sem sentido. A referência ao Templo constitui uma prova real da rejeição de Israel. As ruínas do Templo e a edificação da Igreja representam as duas faces de uma mesma realidade. O Templo foi destruído pelo mesmo poder do Cristo que edificou a Igreja.

Precisamos lembrar que a teologia patrística foi de grande influência na vida da Igreja. Neste sentido, o antijudaísmo e o antissemitismo desenvolvido neste período vão servir de base para uma difícil relação entre Igreja e Judaísmo durante todo o período medieval, onde os ataques contra os judeus passam do verbal ao ato prático.

3.4 Lutero e sua relação com os judeus

A Alemanha no período moderno da história se encontra dividida entre luteranos e católicos. Lutero tem uma posição, com relação aos judeus, ambígua. A princípio ele deseja conseguir aquilo que os católicos não tinham conseguido, isto é, converter os judeus. Seu discurso a princípio era para favorecer os judeus, para com isso, se acontecesse sua conversão, atacar os católicos.

Em 1523 publica um panfleto sob o título: "Jesus Cristo nasceu judeu". Ele tenta mostrar aos judeus, pelo panfleto, que Cristo foi realmente o verdadeiro Messias. Para isso ele usa várias passagens da Bíblia e depois ataca os católicos:

> Os papistas, os bispos, os sofistas e os monges trataram de tal maneira um judeu que um bom cristão poderia se tornar um judeu. Se eu fosse judeu eu preferia me tornar um porco do que um cristão, vendo como estes asnos governam e ensinam a fé cristã. Eles trataram os judeus como se eles fossem cachorros e não homens, eles os perseguiram de todos os modos. Os judeus são os parentes de sangue de Jesus, seus irmãos seus primos. Se a gente os olha do ponto de vista carnal. Eles pertencem ao Cristo muito mais que nós. Eu peço então aos meus irmãos papistas de me tratar como judeu, quando eles tiverem cansados de me tratar como um herege.

Com esse discurso Lutero acreditava convencer os judeus, mas o fato é que não convenceu. Isso, portanto, foi o suficiente para Lutero voltar a fazer o que ele fazia antes quando era católico, ou seja, voltar a perseguir os judeus. Dessa forma, em 1542, Lutero publica um novo panfleto contra os judeus: "Os judeus e suas mentiras". Na sequência escreve um livro de mais de 200 páginas onde descreve, com um desejo ardente, o mal que os judeus causam às pessoas. No seu texto, reprovas e sarcasmos contra os judeus se alternam com seu amor e fé no Cristo.

Diz Lutero:

> Os judeus são uma raça parasita, sendo estrangeiros não deveriam possuir nada e o que eles possuem deveria ser nosso. Pois eles não trabalham e nem nós lhes damos nenhum presente. No entanto eles detêm todos os nossos bens e dinheiro. Eles se tornaram nossos mestres em nosso próprio país. Eles se gabam e fortificam a sua fé e seu ódio contra nós e eles dizem: Vejam como o senhor não abandona seu povo na dispersão. Nós não trabalhamos e nem nos cansamos e os malditos pagãos devem trabalhar por nós e nós temos os seus dinheiros, de sorte que nós somos os senhores e eles os escravos.
> Ainda hoje nós não sabemos quem diabo os trouxe ao nosso país, não somos nós que fomos buscar a Jerusalém, ninguém os quer, as estradas e os campos estão abertos para eles, eles podem voltar ao país quando quise-

rem. Nós pagaremos voluntariamente os custos da viagem para nos livrarmos deles, pois eles são para nós um fardo pesado, uma calamidade, uma peste, uma desgraça para o nosso país. A prova é que eles sempre foram expulsos da França e recentemente da Espanha, seus ninhos preferidos.

Agora, pois, aquele que deseja acolher estas serpentes venenosas e esses inimigos do Senhor e os honrar e se deixar roubar, saquear e se sujar e amaldiçoar por eles que ele acolha os judeus. E se isso não basta que adore os seus santuários e se glorifique de ter sido misericordioso, de ter fortificado o diabo e seus filhos este será um cristão perfeito, pleno de obras de misericórdia e o Cristo o recompensará no último dia pelo o fogo eterno do inferno, onde ele assará junto com os judeus.

O discurso de Lutero isolava completamente os judeus, apresentados por ele como um mal, uma doença e uma peste na Alemanha. Este discurso não mudou na boca dos nazistas. Neste sentido, o luteranismo, com seu discurso antissemita, também serviu de base ideológica para política nazista que massacrou mais seis milhões de judeus.

3.5 Uma tragédia na história humana: a *Shoah* (Holocausto)

O crime nazista, conhecido costumeiramente como Holocausto, mas denominado mais justamente pelo o nome de *Shoah*,[6] constitui em um dos crimes mais terríveis da história humana. Mais de seis milhões de judeus foram mortos por Hitler e seus aliados em toda Europa, entre os anos de 1940 a 1945. Esses mais de seis milhões de judeus, homens, mulheres, crianças, idosos, foram brutalmente assassinados por um único motivo, serem de origem judaica.

O papa São João Paulo II assim define o drama da *Shoah*:

---

[6] Existem duas palavras que nomeiam a Segunda Guerra Mundial (1933-1945). Elas exprimem significados bem específicos. A primeira delas é a palavra *Holocausto*, vem do grego que traduziu a palavra hebraica *olah* (הָלֹע), que significa "queimar por inteiro", pois esse era um dos sacrifícios ordenado por Deus (cf. Lv 1,1-10). Portanto essa palavra, segundo a Bíblia, tem uma conotação religiosa/litúrgica. Já a segunda palavra é *Shoah* (הָאֹשׁ), significa "destruição", "catástrofe", na Bíblia Hebraica essa palavra aparece 4 vezes (Sl 35,8; Pr 1,27; Is 47,11 e Sf 1,15); e sempre com o sentido de destruição total, seja de modo individual ou coletivo. Neste sentido, é preferível se referir a Segunda Guerra Mundial pelo último nome, *Shoah*. Uma vez que esse evento marcou uma tragédia, catástrofe para toda humanidade (cf. FINGUERMAN, 2012, p. 11-12).

Alguns foram trucidados imediatamente, outros foram humilhados, maltratados, torturados, completamente privados de sua dignidade humana e, por fim, mortos. Dos que foram internados nos campos de concentração, pouquíssimos sobreviveram, mas ficaram aterrorizados durante toda a vida. Essa foi a Shoah: um dos principais dramas da história desse século, um fato que ainda hoje nos diz respeito. (Diálogo da Igreja Católica com o Judaísmo, p. 47)

Diante da *Shoah* pouco se fez para interromper a loucura de um homem e o crescente massacre de vítimas inocentes por toda Europa.

Em um de seus muitos momentos de insanidade completa, Hitler declarava que o ariano era a raça superior da humanidade, representando o modelo de homem, que deve estar ao serviço da comunidade, e acrescenta dizendo que:

O objetivo supremo do judeu é desnacionalizar os outros povos, abastardá-los através de uma mistura geral, baixar o nível racial das elites, dominar esse caos étnico, eliminando as inteligências racistas e substituindo-as por elementos do seu próprio povo (...). O judeu vive como um parasita que prospera com os recursos das outras nações (...). Colocando-me em guarda contra o judeu, defendo a obra de Deus (...)". (JÚNIOR, 1986, p. 46)

Isso se deve em boa parte a uma mentalidade já estabelecida sobre a influência de um antissemitismo que apresentava os judeus como a escória da humanidade. Como pessoas que não mereciam misericórdia, pois como pode-se amar o povo que matou Deus? Logo, esse tipo de pensamento criou a ideia de que o povo judeu era deicida, isto é, assassinos de Deus.

Porém depois da catástrofe, começa a surgir uma nova consciência coletiva sobre o povo judeu e o Judaísmo. Essa consciência foi até mesmo anterior a um grande momento da Igreja Católica: o Concílio Vaticano II (1962-1965).

Segundo Albuquerque: "O antijudaísmo dá lugar, pouco a pouco, a uma nova postura nas relações entre os católicos e seus irmãos judeus, que será definitivamente expressa pelo Concílio Vaticano II" (2004, p. 159).

3.6 Concílio Vaticano II: um novo olhar ao povo judeu

Muitos foram os esforços para a elaboração de um documento que tratasse sobre a relação entre a Igreja e o povo judeu. Ganha importante destaque as figuras do Rabino francês Jules Isaac, do Cardeal Bea e do Religioso da Congregação de Nossa Senhora de Sion, Paul Deman.[7] Pode-se por assim dizer, que esses foram os grandes predecessores de uma nova mentalidade cristã acerca do povo judeu e que irá ser a ponte para a elaboração do documento *Nostra Aetate* (Nosso Tempo), que trata do relacionamento da Igreja com outras Religiões. De modo especial, o parágrafo nº 4 do documento apresenta a relação entre judeus e cristãos.

3.6.1 O Documento *Nostra Aetate*

O Documento conciliar *Nostra Aetate* é uma Declaração sobre as relações da Igreja com as Religiões não cristãs e foi votada no dia 28 de outubro de 1965. Ela apresentou, em sua forma final, cinco tópicos ou números. O primeiro apresenta-se em forma introdutória, o segundo discorre sobre as diversas Religiões não Cristãs, o terceiro fala sobre a Religião Muçulmana, o quarto discorre sobre a Religião Judaica e o quinto sobre a Fraternidade Universal.

Após João XXIII ter convocado o Concílio, o rabino francês, Jules Isaac, sugeriu a necessidade da realização de uma declaração que pudesse combater o "ensinamento do desprezo" em relação aos judeus. O cardeal Agostino Bea, então Presidente do Secretariado para a Unidade dos Cristãos, foi encarregado de preparar o que foi, posteriormente, submetido e longamente debatido no Concílio.

O número quatro é a parte mais longa e ali é apresentada a relação, através dos estudos e do diálogo, com o povo judeu. Esse será o ponto central do documento e que propõe uma nova mentalidade para a Igreja em relação a religião judaica. Fica reconhecida a descendência de Abraão dos judeus, que os cristãos são considerados o povo do Novo Testamento, e, que possuem laços espirituais com eles. Demonstra que

---

[7] Para aprofundar o estudo da importância do pensamento e ação dessas notáveis figuras humanas: PORTO, Humberto, **Os protocolos do Concilio Vaticano II**: sobre os judeus da Declaração Nostra Aetate.

a Igreja recebeu a Revelação do Antigo Testamento intermediado pelo povo judeu com o qual Deus efetuou sua Antiga Aliança. Para ressaltar a teologia envolvida neste caminho, o documento cita que segundo o apóstolo Paulo, os judeus, por causa dos patriarcas, continuam a ser muito amados por Deus, cujos dons e vocação não conhecem arrependimento (Rm 11,29). Aqui se estabelece verdadeiramente o forte laço entre judeus e cristãos.

A causa principal para a separação, foi o fato de os judeus não terem aceitado Jesus como o Messias, prometido por Deus. Embora essa seja uma esperança originalmente judaica e, portanto, somente essa negação não seria o suficiente para a ruptura entre os dois grupos. Todavia, isso não deve impedir a construção de pontes, isto é, de construir-se uma relação de diálogo e respeito entre judeus e cristãos. Entretanto, se fazia necessário uma nova mentalidade e uma busca autêntica pela proximidade entre as duas Religiões. Esta aproximação foi sendo estabelecida à medida que foram modificados os ensinamentos, e com isso provocando uma nova mentalidade que reprovou toda forma de antissemitismo, pois dessa maneira se evitaria palavras depreciativas e ofensivas.

Por conta dessa nova forma de pensar, sugerida pela Declaração *Nostra Aetate*, no que se refere a relação entre católicos e judeus, surgem mudanças na liturgia e os textos do Antigo Testamento ganham uma maior importância para os católicos, pois será desmontada a ideia de que o Judaísmo se apresenta como a Religião da Lei e o Cristianismo como a Religião do Amor.

A declaração *Nostra Aetate*, condena todo tipo de preconceito, racismos em suas mais variadas facetas e questiona a todos aqueles que, ainda de alguma forma, apresentam-se como intolerantes para com outras concepções religiosas. Esse é um grito profético da Igreja que se levanta em meio a ataques terroristas e fanáticos fundamentalistas que em nome de Deus praticam a violência contra seus semelhantes. No momento em que escrevíamos esta obra, na Nova Zelândia, um fanático cristão matou dezenas de muçulmanos em uma Mesquita. Em outro lugar, no Sri Lanka, um atentado, praticado por um grupo radical muçulmano, matou centenas de cristãos quando celebravam a Páscoa.

Com o passar do tempo, e com um bom entendimento sobre a Declaração *Nostra Aetate*, os frutos do diálogo vão surgindo e a Igreja Católica começou a ser vista de outra maneira. Como aquela que agora não mais constrói muros como outrora, mas sim como uma verdadeira construtora de pontes. De modo, que pouco a pouco essa aproximação entre cristãos e judeus vai sendo cristalizada através dos testemunhos e de importantes ensinamentos dos Santos Padres da Igreja.

CAPÍTULO IV

Os últimos três papas e o diálogo com o Judaísmo[1]

Nas últimas décadas, o princípio fundamental do respeito para com o Judaísmo, expressa na declaração *Nostra Aetate*, permitiu que grupos que inicialmente se consideravam mutuamente com algum ceticismo, gradualmente se tornassem parceiros de confiança ou mesmo bons amigos. Capazes de lidar com crises juntos e superar os conflitos de uma forma positiva.

Apresentamos a seguir alguns principais pensamentos e gestos históricos em favor do Diálogo, entre judeus e cristão, feitos pelos últimos três Papas: *João Paulo II (1978-2005); Bento XVI (2005-20013) e Francisco (2013-)*.

4.1 Papa João Paulo II e os Judeus

O Papa João Paulo II, no último dia de sua peregrinação a Israel foi ao *Kotel* (Muro das Lamentações), colocando, entre suas pedras milenares, a seguinte mensagem: "Deus de nossos pais, escolheste Abraão e seus descendentes para levar Teu nome às nações. Estamos profundamente tristes com o comportamento daqueles que, ao longo da História, fizeram sofrer esses Teus filhos..." (DIÁLOGO DA IGREJA CATÓLICA COM O JUDAÍSMO, p. 3)

---

[1] Agradecemos ao prof. Me. Pe. Fernando Gross que nos cedeu parte de seu texto que foi originalmente publicado na revista REVELETEO – Revista Eletrônica Espaço Teológico da Faculdade de Teologia – Pontifícia Universidade Católica de São Paulo, v.9, n° 16, jul/dez, 2015, p. 05-26.

Foi ele o primeiro Pontífice a expressar o direito dos judeus de voltar à sua terra natal e, em 1993, promoveu o reatamento das relações diplomáticas entre Israel e a Santa Sé. O Pontífice disse:

> Vim a *Yad Vashem* (nome do Museu em Israel) para render homenagem aos milhões de judeus que, privados de tudo e especialmente de sua dignidade humana, foram assassinados durante o Holocausto. Não há palavras fortes o suficiente para deplorar a terrível tragédia que foi a *Shoá* (literalmente – a Catástrofe). Asseguro ao povo judeu que a Igreja Católica está profundamente entristecida com o ódio, atos de perseguição e demonstrações de antissemitismo dirigidos contra os judeus por cristãos, em qualquer tempo e em qualquer lugar.

Em 12 de março de 2000, o Papa Beato João Paulo II, pediu perdão em nome da Igreja Católica pela perseguição aos judeus durante os séculos anteriores e por dois mil anos de pecados cometidos em nome da instituição.

Quando um Papa foi pela primeira vez à Sinagoga de Roma

"Um evento histórico que mudou tudo. Foi um gesto simbólico muito importante". Assim o Rabino da Comunidade judaica de Roma, Riccardo di Segni, comentou o 27° aniversário da primeira visita de um Papa à Sinagoga de Roma.

A histórica visita do Papa João Paulo II à Sinagoga de Roma, foi realizada em 13 de abril de 1986. O então Rabino, Elio Toaff, aguardava Karol Wojtyla na entrada da Sinagoga. Se abraçaram duas vezes, quando então o Papa chamou os judeus de 'irmãos'. "Eu estava ali", disse De Segni.

Mas o primeiro gesto 'revolucionário' com relação aos judeus foi dado pelo Papa Roncalli (João XXIII), antes ainda do Concílio Vaticano II. O ex-Rabino de Roma, Elio Toaf, escreveu na sua biografia:

> Recordo quando em 1959 João XXIII fez parar na Av. Lungotevere o cortejo pontifício para abençoar os judeus que, como era sábado, saíam da Sinagoga. Foi um gesto que provocou entusiasmo em todos os presentes que circundavam seu automóvel, para aplaudi-lo e saudá-lo. Era a primeira vez que um Papa abençoava os judeus

Alguns pensamentos centrais do discurso do Papa João Paulo II nesta visita à Sinagoga de Roma:

> Houve na verdade muitas situações históricas do passado, diferente dos tempos atuais, que foram amadurecendo ao longo dos séculos para a convivência boa e saudável da vida social, civil e religiosa no mundo, sempre alcançada com muita dificuldade, ou ainda em processo lento e doloroso para muitos países chegarem a tal nível de convivência.
>
> A Igreja hoje reconhece, como no Decreto conhecido *Nostra Aetate*, número 04, dos documentos conciliares do Vaticano II, a indignação e o lamento contra o ódio, perseguições, manifestações de antissemitismo dirigidos contra os judeus em qualquer tempo e por qualquer pessoa. O povo judeu tem sua origem a partir de Abraão, que é o pai da nossa fé como expressou São Paulo de Tarso. Com o povo judeu a Igreja Católica tem vínculos de um patrimônio espiritual comum imenso. Portanto, temos uma relação com os judeus que não temos com qualquer outra religião.
>
> Aos judeus não pode ser atribuída nenhuma culpa ancestral ou coletiva ao que foi feito na Paixão de Jesus. Não indiscriminadamente aos judeus daquela época, não para aqueles que vieram depois e não aos judeus de hoje. Deus julgará a cada um conforme as suas obras, aos judeus e aos cristãos. (Cf. Rm 2,6)

A Igreja declara não ser justo dizer que os judeus foram repudiados ou amaldiçoados. Uma vez que esse tipo de reconhecimento não encontra nenhuma fundamentação nas Sagradas Escrituras. Pelo contrário! Encontra-se na Bíblia uma característica singular desse povo. A carta de São Paulo aos Romanos em 11,28-29, bem como a Constituição Dogmática *Lumen Gentium* nº 6, afirmam que "os judeus são amados por Deus que os chamou com uma vocação irrevogável".

Essas afirmações são baseadas nas relações atuais entre judeus e cristãos. Destacando-se também pela ação pastoral dos últimos Papas. Reafirmadas e proclamadas na Igreja como valor permanente. No entanto, essas relações precisam trilhar um longo caminho. De superação do ódio e da indiferença. Marcas deixadas nos últimos séculos pelo Cristianismo. Esse caminho pode ser feito através de uma nova mentalidade, revelada por uma educação transmitida de muitas maneiras. Como sugere a Comissão para as Relações Religiosas com o Judaísmo:

A informação respeitante a estas questões concerne a todos os níveis de ensino e de educação do cristão. Entre os meios de informação, revestem-se de particular importância os que seguem: manuais de catequese – compêndios de história, meios de comunicação social (imprensa, rádio, cinema e televisão). (Orientações e sugestões para a aplicação da declaração conciliar *Nostra Aetate*).

O próprio Jesus, filho do povo de Israel, de onde nasceu a Virgem Maria, os apóstolos e a maioria dos membros da primeira comunidade cristã, eram judeus. O diálogo será sempre mais forte e sincero no respeito das convicções pessoais de ambos os lados, mas tendo sempre como base os elementos fundamentais da Revelação que temos em comum. Como a 'grande herança espiritual'. "Devemos trabalhar sempre juntos para que a paz completa (*Shalom*) reine neste país e nos continentes do mundo inteiro".

Em 12 de março de 2000, o Papa São João Paulo II, pediu perdão em nome da Igreja Católica pela perseguição aos judeus durante os séculos anteriores e por dois mil anos de pecados cometidos em nome da instituição.

4.2 Bento XVI e os Judeus

Para a comunidade judaica, uma das realizações mais importantes de Bento XVI tem sido a de isentar os judeus da responsabilidade pela morte de Jesus. Em um livro seu publicado em 2011, "Jesus de Nazaré", o Papa escreveu que "a aristocracia do templo" em Jerusalém e as "massas" - e não "o povo judeu como um todo" - foram os responsáveis pela crucificação de Cristo.

O Congresso Judaico Mundial, disse em um comunicado que o Papa Bento XVI "elevou as relações entre católicos e judeus a um nível sem precedentes". "Nenhum papa antes dele visitou tantas sinagogas. Ele reuniu-se com representantes da comunidade judaica, sempre que viajava ao exterior. Nenhum papa antes dele tinha realizado tanto esforço para melhorar as relações com os judeus, em diversos níveis", saudou o texto.

A seguir, algumas ideias principais do profundo conteúdo teológico e bíblico do discurso que o Papa Bento XVI dirigiu à comunidade judaica de Roma, durante sua visita à Grande Sinagoga (Discurso do Papa Bento XVI na Sinagoga de Roma, em 17 de janeiro de 2010.):

> Agradeço a Deus por nos ter dado a graça de nos encontrarmos tornando mais firmes os laços que nos unem e para continuar a percorrer o caminho da reconciliação e da fraternidade. 24 anos atrás veio como cristão e como Papa pela primeira vez o venerável João Paulo II que quis oferecer uma contribuição decisiva à consolidação das boas relações entre as nossas comunidades, para superar toda incompreensão e prejuízo. Esta minha visita se insere no caminho traçado, para confirmá-lo e reforçá-lo. Com sentimentos de viva cordialidade me encontro em meio a vocês para manifestar minha estima e afeto que o Bispo e a Igreja de Roma, assim como a inteira Igreja Católica, nutrem por esta Comunidade e com as Comunidades judaicas espalhadas pelo mundo. A doutrina do Concílio Vaticano II representou para os católicos um ponto decisivo de referência constante na atitude e nas relações com o povo judeu, abrindo uma nova e significativa etapa. O evento conciliar deu um impulso decisivo ao compromisso de percorrer um caminho irrevogável de diálogo, de fraternidade e de amizade, caminho que se aprofundou e desenvolveu nestes quarenta anos com passos e gestos importantes e significativos. Também eu, nestes anos de pontificado, quis demonstrar minha proximidade e meu afeto ao povo da Aliança. Além disso, a Igreja não deixou de condenar as faltas de seus filhos e filhas, pedindo perdão por tudo que pode favorecer de algum modo as chagas do antissemitismo e do antijudaísmo. Possam essas chagas sararem definitivamente! (Comissão para as Relações Religiosas com o Judaísmo, Nós Recordamos: uma reflexão sobre a Shoah).

Volta sempre à memória a oração de pesar no Muro do Templo de Jerusalém do papa João Paulo II, em 26 de março de 2000, que soa verdadeira e sincera no profundo de nosso coração:

> Deus de nossos pais, tu escolheste Abraão e a sua descendência para que teu Nome seja levado aos povos: estamos profundamente aflitos pelo comportamento dos que, no curso da história, lhes fizeram sofrer, eles que são teus filhos, e pedindo-Te perdão por isto, queremos comprometer-nos a viver uma fraternidade autêntica com o povo da Aliança.

A nossa proximidade e fraternidade espiritual se acham na Sagrada Bíblia – em hebraico *Sifre Qodesh* ou "Livros da Santidade" – o fundamento mais sólido e perene, no qual nos colocamos constantemente diante de nossas raízes comuns, à história e ao rico patrimônio espiritual que partilhamos. "É perscrutando o seu próprio mistério que a Igreja, Povo de Deus da Nova Aliança, descobre a sua profunda ligação com os judeus, escolhidos pelo Senhor primeiramente entre todos para acolher sua palavra" (Catecismo da Igreja Católica, § 839).

Numerosas podem ser as implicações que derivam da comum herança que vem da Lei e dos Profetas. Gostaria de recordar algumas:

a) Primeiramente, a solidariedade que liga a Igreja e o povo judeu "pela própria identidade" espiritual e que oferece aos cristãos a oportunidade de promover "um renovado respeito pela interpretação hebraica do Antigo Testamento" (Pontifica Comissão Bíblica, O povo judeu e suas Sagradas Escrituras na Bíblia cristã, 2001, p. 12 e 55);

b) A centralidade do Decálogo como mensagem ética comum de valor perene para Israel, a Igreja, os que não creem e a humanidade inteira; o compromisso por preparar e realizar o Reino do Altíssimo no "cuidado da criação" confiado por Deus ao homem para que a cultive e mantenha responsavelmente (Gn 2,15).

Em particular o Decálogo – as "Dez Palavras" ou Dez Mandamentos (cf. Ex 20, 1-17; Dt 5, 1-21) – que provém da *Torá* de Moisés, constitui a chama da ética, da esperança e do diálogo, estrela polar da fé e da moral do povo de Deus, e ilumina e guia também o caminho dos cristãos. Ele constitui um farol e uma norma de vida na justiça e no amor, um "grande código" ético para toda a humanidade. As "Dez Palavras" jogam luz sobre o bem e sobre o mal, sobre o verdadeiro e o falso, sobre o justo e o injusto, também segundo os critérios da consciência reta de cada pessoa humana. Jesus muitas vezes o repetiu várias vezes, sublinhando que é necessário um compromisso operoso sobre o caminho dos Mandamentos: "Se queres entrar na vida, observa os Mandamentos" (Mt 19,17).

Nesta perspectiva, são vários os campos de colaboração e de testemunho. Destacam-se três, particularmente importantes para o nosso tempo.

a) As "Dez Palavras" pedem para recordar o único Senhor, contra a tentação de se construir outros ídolos, de se fazer bois de ouro. Em nosso mundo muitos não conhecem Deus ou o consideram supérfluo, sem importância para a vida; foram fabricados assim outros e novos deuses diante dos quais os homens se inclinam. Despertar em nossa sociedade a abertura da dimensão transcendente, testemunhar o único Deus é um serviço precioso que Judeus e Cristãos podem oferecer juntos.

b) As "Dez Palavras" pedem respeito e proteção da vida contra injustiça e exploração, reconhecendo o valor de toda pessoa humana, criada segundo a imagem e semelhança de Deus. Quantas vezes, em toda parte da terra, próxima ou distante, são ainda violados a dignidade, a liberdade, os direitos do ser humano! Testemunhar juntos o valor supremo da vida contra todo egoísmo é oferecer uma importante contribuição ao mundo no qual reine a justiça e a paz, o "shalom" desejado pelos legisladores, pelos profetas e pelos sábios de Israel.

c) As "Dez Palavras" pedem para conservar e promover a santidade da família, onde o "sim" pessoal e recíproco fiel e definitivo do homem e da mulher abre o espaço para o futuro, para a autêntica humanidade de cada um, e se abre, ao mesmo tempo, ao dom de uma nova vida. Testemunhar que a família continua sendo a célula essencial da sociedade e o contexto de base onde se aprende e se exercita as virtudes humanas é um precioso serviço a ser oferecido para a construção de um mundo que tenha um rosto mais humano.

Como ensina Moisés na oração do *Shemá* – Ouve, Israel – (cf. Dt 6,5; Lv 19, 34) e Jesus confirma no Evangelho (cf. Mc 12, 19-31) todos os mandamentos se resumem no amor de Deus e na misericórdia para com o próximo. Tais regras empenham os judeus e os cristãos a se exercitarem, em nosso tempo, numa generosidade especial para com próximo, com as mulheres, com as crianças, com os estrangeiros, com os doentes, com os fracos, com os necessitados. Na tradição hebraica existe um admirável tratado chamado "Dito dos Pais de Israel": "Simão o Justo costumava dizer: O mundo se fundamenta sobre três coisas: a *Torá*, o culto e os atos de misericórdia" (*Abot* 1,2).

Com o exercício da justiça e da misericórdia, Judeus e Cristãos são chamados a anunciar e a testemunhar o Reino do Altíssimo que vem e pelo qual rezamos e trabalhamos cada dia com esperança. Neste sentido, podemos dar passos juntos, conscientes das diferenças que existem entre nós, mas também do fato de que conseguiremos unir nossos corações e nossas mãos para responder à chamada do Senhor. Sua luz se fará mais próxima para iluminar todos os povos da terra. Os passos realizados nestes cinquenta anos da Comissão Internacional católico--judaica e, nos anos mais recentes, pela Comissão Mista da Santa Sé, além do Grande Rabinato de Israel, são um sinal da vontade comum de continuar um diálogo aberto e sincero".

4.3 Cardeal Jorge Bergoglio (papa Francisco) e os judeus

Sob sua liderança em Buenos Aires, o Cardeal Jorge Bergoglio fez importantes caminhadas em sustentar positivas relações entre católicos e judeus seguindo os papados transformadores do Papa João Paulo II e Papa Bento XVI – pontífices que lançaram a reconciliação histórica entre a Igreja Católica e povo Judeu. O Cardeal Bergoglio sustentou um íntimo relacionamento com a comunidade Judaica na Argentina. Ele celebrou várias festas Judaicas com a comunidade Judaica Argentina.

O arcebispo de Buenos Aires e primaz da Argentina, cardeal Jorge Mario Bergoglio, participou em 08 de agosto de 2007 na sinagoga *Benei Tikvá Slijot*, de um ofício religioso com motivo do Ano Novo judaico (*Rosh Hashaná*), e explicou que "hoje, aqui nesta sinagoga, tomamos novamente consciência de ser povo a caminho e nos colocamos na presença de Deus. É um ato de andar para olhá-lo e de nos deixarmos olhar por Ele, para examinar nosso coração em Sua presença e perguntar se caminhamos bem. Também eu o faço, como caminhante, junto aos senhores, meus irmãos mais velhos".

Após utilizar várias vezes as palavras "fidelidade" e "ternura" para referir-se a "esse Senhor que é misericordioso e paciente", disse que "hoje seguramente encontraremos coisas que lamentamos e situações nas quais não caminhamos em Sua presença. O que se pede a nós é lealdade para reconhecer isso, mas principalmente que não nos escondamos na obscuridade da culpa e que coloquemos tudo sob o olhar de Deus fiel. E isso o fazemos com coragem e confiança, sabendo que Sua fidelidade implica infinita ternura, conscientes de que é Ele quem nos convida a nos aproximarmos para derramar essa fidelidade-ternura em abundante misericórdia".

Em 2010, durante uma comemoração do atentado contra uma Sinagoga de Buenos Aires em 1994, o Cardeal Bergoglio chamou-a de "uma casa de solidariedade" e acrescentou que "Deus os abençoe e os ajude a cumprir seu trabalho", o que demonstrou sua dedicação e apoio em erguer-se contra o extremismo. No mesmo ano, juntamente com o Rabino Argentino Abraham Skorka, publicou o livro "No Céu e na Terra" dirigindo assuntos de diálogo religioso.

4.4 Francisco e os judeus

Em um de seus primeiros atos como pontífice, o Papa Francisco mandou em 14 de março uma mensagem à comunidade judaica de Roma, dizendo que espera ser capaz de contribuir para promover boas relações entre católicos e judeus.

O novo papa convidou o Rabino-chefe de Roma, Sr. Riccardo Di Segni, para sua missa inaugural no Vaticano: "No dia da minha eleição como Bispo de Roma e Pastor Universal da Igreja Católica, envio minhas cordiais saudações, anunciando-lhe que a solene abertura do meu pontificado será na terça-feira, 19 de março", começa a mensagem papal:

> Confiando na proteção do Altíssimo, espero vivamente poder contribuir para o progresso que as relações entre judeus e católicos conheceram a partir do Concílio Vaticano II, num espírito de renovada colaboração e a serviço de um mundo que possa estar cada vez mais em harmonia com a vontade do Criado.

A carta do papa chegou à sede da Comunidade Judaica de Roma poucas horas depois da saudação que o mesmo Rabino-Chefe Riccardo Di Segni, havia desejado um bom pontificado a Jorge Bergoglio, conforme informou o site católico romano Zenit:

Expresso os melhores desejos a Jorge Mario Bergoglio eleito Papa Francisco. Que possa guiar com força e com sabedoria a Igreja Católica nos próximos anos. As relações da Igreja com a Comunidade Judaica de Roma e o diálogo com o judaísmo deram passos importantes. A esperança é que se possa continuar o caminho no sinal da continuidade e das boas relações (www.zenit.org).

Entrevistado pela Rádio Vaticano, Di Segni afirmou:

Partilhamos os sentimentos de nossos irmãos cristãos que agora têm um novo pontífice, ao qual desejamos força e sabedoria para desempenhar essa grande tarefa, por longos anos. Não conhecemos diretamente o Papa. Ele vem de uma terra distante para nós, mas das primeiras informações parece-me que foi um cardeal muito atento à relação de respeito com outras religiões e particular com o judaísmo. Então, isso nos dá a esperança de que tudo o que foi semeado de bom no passado, dê bons frutos. Acredito que existem premissas importantes.

4.5 Alguns documentos cristãos e judaicos sobre o diálogo

O filósofo jornalista Finguerman, em sua obra: "A teologia do Holocausto", apresenta uma importante ordem cronológica, dos principais momentos da Teologia cristã quanto ao Holocausto (FINGUERMAN, 2012, p. 84-88). Dessa forma, o autor nos permite observar e refazer o caminho da busca pelo diálogo e reconciliação com o povo judeu e por extensão com a história do Judaísmo.

Destaca-se a seguir a cronologia:
- → **19 de outubro de 1945**, a Igreja Evangélica da Alemanha edita a *Declaração de Culpa de Stuttgart*.
- → **Agosto de 1947**, foi redigido o documento *Dez Pontos de Seeligsberg*, durante uma conferência judaico-cristã na Suíça, sendo um ataque inédito contra o antissemitismo.
- → **1948**, ocorreu a primeira Assembleia do Concílio Mundial Protestante de Igrejas, na Holanda, e nela ocorreu o reconhecimento que naquele país 110 mil judeus haviam sido mortos.
- → **1953**, o teólogo Paul Tillich propõe um programa para acabar com o antijudaísmo nos ensinamentos cristãos.

- **1959**, Na Semana Santa, o papa João XXIII decreta a eliminação da palavra "pérfidos", em relação aos judeus.
- **1960**, Jules Isaac, um judeu-francês, reúne-se com o papa João XXIII, e como sobrevivente do Holocausto pede mudanças no que chamou de "ensino do desprezo" em relação ao povo judeu.
- **11 de outubro de 1962**, o papa João XXIII inaugura o Concílio Vaticano II, onde eruditos protestantes e judeus são convidados para participar como observadores oficiais.
- **28 de outubro de 1965**, o Papa Paulo VI aprova a "Declaração sobre a Relação da Igreja com as Religiões não cristãs (*Nostra Aetate*), documento este revolucionário no relacionamento entre judeus e cristãos.
- **1980**, um sínodo da Igreja Evangélica da Alemanha aprova declaração reconhecendo pela primeira vez "corresponsabilidade cristã e culpa pelo holocausto".
- **13 de abril de 1986**, João Paulo II visita um templo judaico e descreve os judeus como "nossos irmãos mais velhos na fé".
- **1987**, A Igreja Presbiteriana dos EUA, através do documento: Um entendimento Teológico da Relação entre cristãos e judeus, afirma que a aliança de Deus com os judeus continua existindo.
- **1993**, O Vaticano e o Estado de Israel assinam o "acordo fundamental" que leva ao reconhecimento mútuo oficial.
- **07 de abril de 1994**, o rabino-chefe de Roma é convidado pela primeira vez na História para cooficiar um serviço público no Vaticano.
- **1994**, A Igreja Luterana Evangélica dos EUA adota documento onde reconhece o antissemitismo no pensamento de Martinho Lutero.
- **1994**, A conferência dos Bispos da Hungria emite declaração de arrependimento pelo Holocausto.
- **Janeiro de 1995**, os bispos católicos da Alemanha declaram que a "Igreja que nós proclamamos sagrada e que honramos como um mistério também é uma Igreja pecadora e em necessidade de conversão". Em abril, afirmam que a Igreja falhou em intervir durante a ascensão do nazismo.

→ **1995**, os bispos católicos da Holanda ecoam declarações anteriores dos bispos da Polônia e Alemanha e reconhecem "corresponsabilidade na perseguição contra judeus no passado".

→ **16 de março de 1998**, a comissão do Vaticano para as Relações Religiosas com o povo judeu publica o documento: Nós lembramos: uma reflexão sobre a *Shoah*.

→ **23 de março de 2000**, durante visita a Jerusalém, o Papa João Paulo II coloca no muro das Lamentações uma cópia de sua prece pública "confissão de pecados contra Israel"

→ **10 de setembro de 2000**, um grupo de 170 eruditos judeus norte-americanos publica um anúncio no *The New York Times*, afirmando que ocorre uma melhora sem precedentes nas relações entre judeus e cristãos.

→ **14 de abril de 2008**, em mensagem à comunidade judaica dos EUA, o papa Bento XVI reafirma "o compromisso da Igreja com o diálogo que, nos últimos 40 anos, mudou fundamentalmente nosso relacionamento para melhor"

Por fim, seja aqui lembrado duas importantes declarações do rabinato sobre o Cristianismo.[2]

a) Judeus da França: *Declaração para o jubileu da fraternidade a vir.*

b) Rabinos que dirigem seminários em Israel, Estados Unidos da América e na Europa: *Declaração do rabinato ortodoxo sobre o Cristianismo.*

Ambas as declarações apresentam um claro desejo de proximidade entre as duas religiões como condição para superação de toda forma de preconceito.

---

[2] Para aprofundar o assunto sugerimos a leitura do livro: **Jubileu de Ouro do diálogo Católico-Judaico**, p 81-88. Coleção Judaísmo e Cristianismo, Volume IV.

Considerações finais

O objetivo dessa obra é contribuir com a reflexão sobre as relações entre cristãos e judeus. Proposta pelo Concílio do Vaticano II, de maneira específica no documento *Nostra Aetate* (nº 4) e constantemente reafirmada pelos últimos três Papas. De como vencer os preconceitos e estereótipos que ao longo dos séculos acabaram por alimentar o antissemitismo e o ódio aos judeus.

É preciso uma mudança de paradigmas e isso só se fará à medida que o assunto for constantemente discutido. O propósito desse livro é de colaborar com a discussão. Questionando pontos específicos e apresentando uma nova perspectiva. Através de uma ótica acolhedora e livre de preconceitos. Estabelecendo como ponto de partida o relacionamento entre o judeu Jesus, nosso Mestre e Senhor, e seus compatriotas fariseus. Homens sábios e dedicados aos estudos e a propagação da *Torá/Palavra de Deus*. No texto produzido pela Comissão Episcopal Pastoral para a Animação Bíblico-Catequética encontra-se a afirmação sobre a necessidade dessa mudança de paradigmas: "A catequese, as homilias e toda a pregação cristã necessitam ser apresentadas de forma que sejam superados os preconceitos em relação ao judaísmo" (Conhecer nossas raízes: Jesus Judeu, p. 3).

Em tempos de coexistência, é urgente, em nosso meio, a prática do acolhimento, do respeito e da tolerância. Acreditamos que sem essas atitudes a vida torna-se pesada e cansativa, mas ela não precisa, de modo algum, ser assim. Lembremos do ensinamento do Mestre dos Mestres:

> Vinde a mim todos os que estais cansados sob o peso do vosso fardo e eu vos darei descanso. Tomai sobre vós o meu jugo e aprendei de mim, porque sou manso e humilde de coração, e encontrareis descanso para vossas almas, pois o meu jugo é suave e o meu fardo é leve. (Mt 11,28-30)

De fato, Deus conduz a história! Sua graça e providência nos acompanham sempre. No mesmo ano de lançamento de nosso livro (em 2019 de modo autônomo) aconteceu em Roma, por ocasião do 110º aniversário do Pontifício Instituto Bíblico, a Conferência Internacional: "Jesus e os fariseus: um reexame interdisciplinar", que reuniu estudiosos judeus, protestantes, católicos e outros, das mais diversas partes do mundo: Argentina, Áustria, Canadá, Colômbia, Alemanha, Índia, Israel, Itália, Holanda e Estados Unidos. Com o objetivo, segundo o Prof. Joseph Sievers, representante do Pontifício Instituto Bíblico: "de encontrar possíveis maneiras de representar os fariseus de forma menos inadequada no futuro".

Alegrou-nos profundamente perceber que nossa pesquisa vai ao encontro das reflexões propostas pela Igreja, o que nos confere, pela fé, a certeza de que a vontade de Deus se manifesta na inspiração aos homens e que nosso árduo trabalho está em plena comunhão com o coração da Igreja.

O discurso que se segue foi proferido pelo Santo Padre o Papa Francisco por ocasião de audiência com os Professores e Alunos do Pontifício Instituto Bíblico no dia 09 de maio de 2019 na referida conferência. Discurso do Santo Padre:[3]

Caros irmãos e irmãs,

Dou-lhe as boas vindas com satisfação por ocasião do 110º aniversário do Pontifício Instituto Bíblico, e agradeço ao Reitor por suas palavras corteses. Quando, em 1909, São Pio X fundou o "Biblicum", confiou-lhe a missão de ser "um centro de altos estudos da Sagrada Escritura na cidade de Roma, para promover o mais efetivamente possível a doutrina bíblica e os estudos relacionados dentro do espírito de Igreja católica" (Litt. Ap. Vinea electa, 7 de maio de 1909: AAS 1 [1909], 447-448).

Desde então, esse instituto tem trabalhado para permanecer fiel à sua missão, mesmo em tempos difíceis, e muito contribuiu para promover a pesquisa acadêmica e o ensino em estudos bíblicos e áreas afins para estudantes e futuros professores provenientes de cerca de setenta países diferentes. O Cardeal Augustin Bea, por muito tempo Reitor do "Bíblico" antes de ser cardeal, foi o principal promotor da Declaração conciliar

---

[3] https://bit.ly/3MiREiT, acesso 11 de maio de 2019.

■ Considerações finais ■

Nostra Aetate, que colocou sob novas fundações as relações inter-religiosas e particularmente aquelas judaico-católicas. Nos últimos anos, o Instituto intensificou sua colaboração com estudiosos judeus e protestantes.

Apresento meus cumprimentos aos participantes da Conferência sobre "Jesus e os Fariseus. Um reexame interdisciplinar", que pretende abordar uma questão específica e importante para o nosso tempo e se apresenta como um resultado direto da Declaração *Nostra Aetate*. Ele se propõe a entender os relatos, às vezes polêmicos, sobre os Fariseus no Novo Testamento e em outras fontes antigas.

Além disso, aborda a história das interpretações eruditas e populares entre judeus e cristãos. Entre os cristãos e na sociedade secular, em diversas línguas, a palavra "Fariseu" muitas vezes significa "pessoa hipócrita" ou "presunçosa". Para muitos judeus, no entanto, os Fariseus são os fundadores do judaísmo rabínico e, portanto, seus ancestrais espirituais.

A história da interpretação favoreceu imagens negativas dos Fariseus, mesmo sem uma base concreta nos relatos evangélicos. E muitas vezes, ao longo do tempo, tal visão tem sido atribuída pelos cristãos aos judeus em geral. Em nosso mundo, tais estereótipos negativos infelizmente se tornaram muito comuns. Um dos mais antigos e prejudiciais estereótipos é precisamente aquele do "Fariseu", especialmente quando usado para colocar os judeus sob uma luz negativa.

Estudos recentes reconhecem que hoje se sabe menos sobre os Fariseus do quanto acreditavam as gerações precedentes. Estamos menos certos de suas origens e de muitos de seus ensinamentos e práticas. Portanto, a pesquisa interdisciplinar sobre questões literárias e históricas sobre os Fariseus abordados por esse congresso, ajudará a adquirir uma visão mais verdadeira deste grupo religioso, contribuindo também a combater o antissemitismo.

Se considerarmos o Novo Testamento, vemos que São Paulo inclui entre aqueles que anteriormente, antes de encontrar o Senhor Jesus, eram motivos para se vangloriar, também está o fato de ser "segundo a Lei, Fariseu" (Fp 3,5).

Jesus teve muitas discussões com os Fariseus sobre preocupações comuns. Ele compartilhou com eles sua fé na ressurreição (cf. Mc 12,18-

27) e aceitou outros aspectos de sua interpretação da *Torá*. Se o livro dos Atos dos Apóstolos afirma que alguns Fariseus se uniram aos seguidores de Jesus em Jerusalém (cf. 15: 5), isso significa que deveria haver muito em comum entre Jesus e os Fariseus. O próprio livro apresenta Gamaliel, um líder dos Fariseus, que defende Pedro e João (cf. 5: 34-39).

Entre os momentos mais significativos do Evangelho de João está o encontro de Jesus com um Fariseu chamado Nicodemos, um dos líderes dos judeus (cf. 3.1). É a Nicodemos que Jesus explica: "Deus amou o mundo de tal maneira que deu o seu único Filho, para que todo aquele que nele crê não pereça, mas tenha a vida eterna" (3,16). E Nicodemos defenderia Jesus antes de uma assembleia (cf. Jo 7,50-51) e compareceria ao seu sepulcro (cf. Jo 19:39). Independentemente de como for considerado Nicodemos, é claro que os vários estereótipos sobre os Fariseus não se aplicam a ele, nem encontram confirmação em outras partes do Evangelho de João.

Outro encontro entre Jesus e os líderes religiosos de seu tempo é relatado de diferentes maneiras nos Evangelhos sinóticos. Isso diz respeito à questão do "grande" ou "primeiro mandamento". No Evangelho de Marcos (cf. 12.28-34), a pergunta é feita por um escriba, não identificado mais especificamente, que estabelece um diálogo respeitoso com um professor. De acordo com Mateus, o escriba se torna um fariseu que estava tentando colocar Jesus à prova (cf. 22.34-35). De acordo com Marcos, Jesus conclui dizendo: "Você não está longe do reino de Deus" (12,34), indicando assim a alta estima que Jesus tinha por aqueles líderes religiosos que estavam realmente "próximos do reino de Deus".

O rabino Aquiba, um dos rabinos mais famosos do segundo século, herdeiro do ensinamento dos Fariseus, [1] indicava a passagem de Lv 19:18: "amarás o teu próximo como a ti mesmo" como um grande princípio da Torá. [2]. Segundo a tradição, ele morreu como um mártir com o Shemá nos lábios, o que inclui o mandamento de amar o Senhor com todo o coração, a alma e a força (cf. Dt 6: 4-5). [3] Portanto, até onde podemos saber, ele estaria em substancial sintonia com Jesus e seu interlocutor escriba ou fariseu. Da mesma forma, a chamada regra de ouro (cf. Mt 7:12), embora em diferentes formulações, é atribuída não apenas a Jesus, mas também a seu contemporâneo mais ancião, Hilel, geralmente considerado um dos principais Fariseus de seu tempo. Tal regra já está presente no livro deuterocanônico de Tobias (cf. 4,15).

Assim, o amor ao próximo constitui um indicador significativo para reconhecer as afinidades entre Jesus e seus interlocutores Fariseus. Certamente constitui uma base importante para qualquer diálogo, especialmente entre judeus e cristãos, inclusive hoje.

De fato, para amar melhor nossos vizinhos, precisamos conhecê-los e para saber quem são, muitas vezes precisamos encontrar maneiras de superar antigos preconceitos. Por esta razão, a vossa conferência, estabelecendo relação entre credos e disciplinas com a intenção de alcançar uma compreensão mais madura e apurada dos Fariseus, permitirá que eles sejam apresentados de maneira mais apropriada no ensino e na pregação. Estou certo de que tais estudos, e as novas vias que eles abrirão, contribuirão positivamente para as relações entre judeus e cristãos, em vista de um diálogo cada vez mais profundo e fraterno. Que ele possa encontrar uma ampla ressonância dentro e fora da Igreja Católica, e ao vosso trabalho possam ser concedidas abundantes bênçãos do Altíssimo ou, como diriam muitos de nossos irmãos e irmãs judeus, de HaShem.

Obrigado.

Notas:
[1] S. EUSEBII HIERONYMI, Commentarii em Isaiam, III, 8: PL 24, 119.
[2] Sifra em Levítico 19.18; Gênesis Rabba 24.7 em Gen 5.1.
[3] Texto original e versão italiana no Talmude Babilônico, Tratado *Berakhot*, 61b, Volume II, editado por D.G. Di Segni, Giuntina, Florença 2017, p. 326-327.

Anexos

Figura 1: Esculturas no Portal da Catedral de Estrasburgo, França, de 1230. Representando a Igreja e a Sinagoga. Imagem retirada da Internet: https://bit.ly/3werXKQ

Figura 2: Escultura criada por Joshua Koffman, Sinagoa e Igreja, em comemoração ao 50º aniversário da Declaração *Nostra Aetate*, Philadelphia, EUA. Imagem retirada da Internet: https://bit.ly/3PlYw0Y

Glossário

Autógrafos: os escritos originais da Bíblia.

Adonai: "meu Senhor"; título dado a Deus que substitui a pronúncia do Tetragrama Sagrado.

Akiba: viveu entre os anos de 40 a 135 d.C.. De origem humilde foi considerado o maior erudito da sua época e sua escola contou com milhares de discípulos. Foi martirizado pelos romanos por ocasião da segunda guerra dos judeus contra os romanos e, conta a história, que no momento de seu martírio rezava o *Shemá*.

Amoraim: sábios do período da segunda geração chamada, *Guemará*.

Darshan: palavra derivada do verbo *darash* que significa a busca amorosa da Palavra de Deus. O *darshan* é um grande intérprete da Palavra de Deus que busca dar sentido ao texto bíblico e dessa maneira transmiti-lo para a comunidade.

Diáspora: palavra grega que significa dispersão; utiliza-se para dizer dos judeus que não vivem em Israel.

Exegese: palavra grega que significa extrair para fora, isto é, buscar o sentido profundo do texto bíblico.

Guemará: comentários dos mestres para atualizar a *mishná*.

Guematria: método de interpretação bíblica onde busca-se, através do valor numérico de cada palavra em hebraico, o seu sentido escondido.

Hagadá: é o ato de narrar histórias da tradição do povo com o propósito de edificar e fortalecer a fé da comunidade.

Halakhá: essa palavra expressa o modo como as pessoas caminham ao encontro de Deus. Portanto, refere-se ao comportamento das pessoas em relação à Palavra de Deus.

Hassidim: derivação da palavra *hessed* que significa amor, piedade. Os *hassidim* são os piedosos, aqueles que têm profundo amor pela Palavra de Deus.

Hillel e *Shamai* (*zugot* = pares), da geração dos *tanaím*, fundaram as duas mais importantes escolas conhecidas pelos seus nomes.

Mekhiltá: são os *midrashim* dos capítulos 12 – 23 do livro do Êxodo (*Mekhiltá* de Rabi Ishmael e *Melkhitá* de Rabi Shimon bar Yokhai).

Menorá: candelabro de sete braços que ficava no Templo de Jerusalém.

Método: conjunto de procedimentos científicos que auxiliam a compreensão dos textos bíblicos.

Mezuzá: pequena caixa contendo o texto de Dt 6,4-9; 11,12-21 que deve ser fixada no batente da porta de entrada.

Middot: regras; normas para a interpretação da Torá (Bíblia).

Midrash Rabb: coleção de *midrashim* sobre os primeiros cinco livros da Bíblia (*Torá*), e outros cinco livros (*meguilot*): Cântico dos cânticos; Rute; Lamentações; Eclesiastes e Ester.

Midrash: palavra derivada do verbo *lidrosh* (*darash*) que significa a busca amorosa da Palavra de Deus, amplamente utilizada pelos sábios de Israel na interpretação das Escrituras. A técnica de interpretação bíblica chamada *midrash* apresenta-se a partir de grandes coleções de comentários dos livros bíblicos até a interpretação de alguns versículos bíblicos. O midrash busca ligar a tradição escrita à tradição oral. Ainda mais: desse método de interpretação bíblica, surgem diversos *midrashim* (plural de *midrash*) seja no que concerne às narrativas bíblicas (*midrash hagadá*), seja no aspecto legalista (*midrash halakhá*).

Mishná: deriva da palavra hebraica *sheni* que significa dois, ou seja, é um ensinamento repetido até que se decore o ensinado. Grande trabalho de compilação da tradição oral do povo de Israel, isto é, aquilo que era decorado passa a ser escrito, e isso se deu por volta do ano 200 d.C.. A *mishná* é o livro que contém as regras da vida judaica e está dividido em seis grandes "ordens".

Mitzvá: mandamento; mandamentos (plural, *mitzvot*).

Nostra Aetate: palavra latina que significa Nosso Tempo. Documento (decreto) do Concílio Vaticano II que reflete sobre o diálogo inter-religioso. De um modo especial o número quatro do documento apresenta a relação entre judaísmo e cristianismo.

Parashá: passagens tiradas dos cinco primeiros livros da Bíblia (*Torá*). Lida no ofício do *shabbat* em 44 *parashyot* que cobrem o ano litúrgico.

Pentateuco: palavra grega para designar os cinco primeiros rolos (livros) da Bíblia.

Perushim: palavra derivada do verbo hebraico *Parash* que significa separado.

Pesikta Rabati: coleção de *midrashim* sobre as festas religiosas.

Pirkê Abot: coleção dos ditos dos pais, sábios de Israel.

Pirkê de Rabi Eliezer: coleção de *midrashim* sobre os livros do Gênesis, Êxodo e Números. Atribuídos ao Rabi Eliezer ben Hyrcanos, mestre de Rabi Akiba.

Raban: "nosso mestre"; título conferido aos mestres do *Talmud*.

Rabi: 'meu mestre'; título concedido para os transmissores da fé de Israel.

Seder: Refeição ritual da Páscoa (nome da última ceia de Jesus com seus discípulos).

Sefer: livro, aplica-se somente aos livros sagrados.

Shabbat: palavra hebraica que significa cessar, repousar. Neste dia o Senhor cessou a Criação e o consagrou como a Conclusão da obra criadora.

Shalom: harmonia, paz, perfeição, plenitude.

Shekhiná: palavra derivada de *shakhan* (morar, habitar). Corresponde a presença de Deus junto a humanidade.

Shemá Israel: "Escuta Israel"; profissão de fé monoteísta (Dt 6,4-9).

Shoah: catástrofe; flagelo; termo apropriado para se referir a Segunda Guerra Mundial.

Shofar: instrumento feito do chifre de cordeiro utilizado para anunciar o julgamento de Deus.

Sinagoga: casa de oração do povo judeu.

Sinédrio: tribunal supremo de Israel nos tempos bíblicos que contava com o Templo de Jerusalém. Era composto por 71 membros e o sumo sacerdote o presidia.

Talmud: palavra derivada do verbo hebraico *lamad* que significa estudar. O *Talmud* é o grande comentário da *Torá* oral e escrita, pois o *Talmud* se por um lado apresenta-se como estudo, por outro, apresenta-se como ensino. Existem dois *Talmudim* (plural de *Talmud*), o *Talmud* de Jerusalém (séc. II d.C.) e o *Talmud* da Babilônia (séc. V d.C.).

Tanaím: repetidores, ou seja, os sábios de Israel dos dois primeiros séculos da nossa era. Estes repetidores tinham como missão transmitir oralmente os ensinamentos da *Torá* oral e escrita.

TaNakh: contração da palavra *Torá* (*Pentateuco*), *Neviim* (profetas), *Ketuvim* (escritos). O que correspondem aos livros sagrados da Bíblia Hebraica.

Targum: tradutor, isto é, a função do *targumim* era traduzir o texto sagrado do hebraico para o aramaico, mas ao mesmo tempo ele também interpretava o texto segundo a realidade da comunidade.

Templo: O Santuário do Senhor construído, em 930 a.C., por Salomão (cf. 1Rs 7-8), mais tarde em 586 a.C. destruído pelos babilônios (2 Rs 25); reconstruído em 515 a.C. no período dos persas (Esd – Ne); ampliado e reformado por Herodes Magno entre os anos de 17 – 30 a.C. e destruído pelos romanos no ano 70 d.C..

Teshuvá: volta; arrependimento.

Tetragrama Sagrado: 'quatro letras'; em hebraico (YHWH – הוהי) o Nome de Deus revelado a Moisés em Ex 3,13-15.

Torá: seu significado é abrangente e diz respeito ao ensinamento das histórias e leis transmitidas pela Revelação de Deus, a partir de duas *Torot* (plural de *Torá*): oral e escrita.

Toseftá: coleção de tradições legalistas *tanaítas*.

Yeshivá: escola religiosa dedicada ao estudo da *Torá* (plural *yeshivot*).

Yokhanan ben Zakai: Tornou-se chefe do sinédrio por volta do ano 70 d.C.. Nesse período o Templo de Jerusalém foi destruído pelos romanos e coube a ele a tarefa de reconstruir os fundamentos do judaísmo que estavam seriamente abalados após a destruição do Templo.

Referências bibliográficas

ALETTI, J; GILBERT, M; SKA, J; VULPILLIÊRES, S. *Vocabulário ponderado da exegese bíblica*. São Paulo: Loyola, 2011.

ALBUQUERQUE, Helio. *A relação judaico-cristã*. Nas origens e hoje. Rio de Janeiro: Lumen Christi, 2004.

AVRIL, A.; LENHARDT, P. *Introdução à leitura Judaica da Escritura*. São Paulo: CCDEJ; Fons Sapientiae, 2018.

BRUTEAU, Beatrice. *Jesus segundo o judaísmo*. Rabinos e estudiosos dialogam em nova perspectiva a respeito de um antigo irmão. São Paulo: Paulus, 2003.

BÍBLIA. Português. *Bíblia de Jerusalém*. Tradução: Sociedade bíblica católica internacional. 4ª edição revisada e ampliada. São Paulo: Paulus, 2006.

CATECISMO DA IGREJA CATÓLICA - Edição Típica Vaticana. 9º Edição. São Paulo: Loyola, 2000.

CONFERÊNCIA NACIONAL DOS BISPOS DO BRASIL. *Crescer na leitura da Bíblia*. Estudos da CNBB, nº 86. São Paulo: Paulinas, 2003.

_____. *Conhecer nossas raízes*. Jesus judeu. Edições CNBB, 2006.

_____. *Guia para o diálogo da Igreja Católica com o Judaísmo*. Estudos da CNBB, nº 46. São Paulo: Paulinas, 1986.

DIÁLOGO DA IGREJA CATÓLICA COM O JUDAÍSMO. *Documentação básica*. São Paulo: Loyola.

EPHRAÍM. *Jesus, judeu praticante*. São Paulo: Paulinas, 1998.

FINGUERMAN, Ariel. *A teologia do holocausto*. Como os pensadores judeus e cristãos explicaram Auschwitz. São Paulo: Paulus, 2012.

FLUSSER, David. *Jesus*. São Paulo: Perspectiva, 2010.

FRANCISCO. Exortação Apostólica, *Evangelii Gaudium*. São Paulo: Paulinas, 2013.

GOMES, João Batista. *O judaísmo de Jesus*. O conflito Igreja-Sinagoga no Evangelho de Mateus e a construção da identidade cristã. São Paulo: Loyola, 2009.

HARRIS, L. R., ARCHER, G. L., WALTKE, B. K. *Dicionário Internacional de Teologia do Antigo Testamento*. Vida Nova: São Paulo, 1980.

HADDAD, Philippe. *Jesus fala com Israel: uma leitura judaica de parábolas de Jesus*. Coleção Judaísmo e Cristianismo. São Paulo: CCDEJ; Fons Sapientiae, 2015.

_____. *Pai Nosso: uma leitura judaica da oração de Jesus*. São Paulo: CCDEJ; Fons Sapientiae, 2017.

_____ *Como Jesus lia a Torá: Sair do mal-entendido entre Jesus e os fariseus*. São Paulo: CCDEJ; Fons Sapientiae, 2022.

HORSLEY, Richard A. *Jesus e o império*. O Reino de Deus e a nova desordem mundial. São Paulo: Paulus, 2004.

ISAAC, Jules. *Jesus e Israel*. São Paulo: Perspectiva, 1986.

JOSEFO, Flávio. *História dos Hebreus*: de Abraão à queda de Jerusalém – Obra Completa. Rio de Janeiro: CPAD, 2015.

LÉVY, Bernard-Henri. *O espírito do judaísmo*. São Paulo: Três Estrelas, 2018.

LENHARDT, P.; COLLIN, M. *A Torah oral dos fariseus*. Textos da Tradição de Israel. São Paulo: Paulus, 1997.

MATEOS, J.; CAMACHO, F. *Jesus e a sociedade de seu tempo*. São Paulo: Paulus, 1992.

MIRANDA, Manoel. *As relações entre Judeus e Cristãos a partir do Evangelho segundo São João*. São Paulo: CCDEJ; Fons Sapientiae, 2018.

MIRANDA, Manoel; Ramos, Marivan Soares. *O Ciclo das festas bíblicas na Escritura e na Tradição judaico-cristãs*. São Paulo: CCDEJ; Fons Sapientiae, 2021.

MIRANDA, Evaristo; MALCA, José. *Sábios fariseus:* reparar uma injustiça. São Paulo: Edições Loyola, 2001.

NETO, Willibaldo R. *As religiões no tempo de Jesus*. São Paulo: Fonte Editorial, 2019.

OVERMAN, J. A. *Evangelho de Mateus e o Judaísmo formativo*. O mundo social da comunidade de Mateus. São Paulo: Loyola, 1997.

PÉREZ, G. A.; MARTINEZ; F. G.; FERNÁNDEZ, M. P. *Literatura Judaica intertestamentária*. 2 ed. São Paulo: Ave-Maria, 2013.

PESCE, Mauro. *De Jesus ao cristianismo*. São Paulo: Loyola, 2017.

PONTIFÍCIA COMISSÃO BÍBLICA. *O povo judeu e suas Sagradas Escrituras na Bíblia Cristã*. São Paulo: Paulinas, 2001.

PORTO, Humberto. *Os protocolos do Concílio Vaticano II*. Sobre os judeus. São Paulo: Germape, 2005.

RAMOS, Marivan S. *Por trás das Escrituras:* uma introdução à exegese judaica e cristã. São Paulo: edição própria, 2016.

REMAUD, Michel. *Evangelho e Tradição rabínica*. São Paulo: Loyola, 2007.

RIBEIRO; D. L.; RAMOS, M. S. (organizadores). *Jubileu de Ouro do diálogo Católico-Judaico*. Primeiros frutos e novos desafios. 2ª edição. São Paulo: CCDEJ; Fons Sapientiae, 2019.

SCARDELAI, Donizete. *Da Religião Bíblica ao judaísmo rabínico*. Origens da religião de Israel e seus desdobramentos na história do povo judeu. São Paulo: Paulus, 2008.

____. *O escriba Esdras e o judaísmo*. Um estudo sobre Esdras na tradição judaica. São Paulo: Paulus, 2012.

SALDARINI, Anthony. *Fariseus, Escribas e Saduceus na sociedade Palestinense*. Uma abordagem sociológica. São Paulo: Paulinas, 2005.

SKARSAUNE, Oskar. *À sombra do Templo*. As influências do judaísmo no cristianismo primitivo. São Paulo: Vida, 2004.

THEISSEN, G.; ANNETTE, M. *O Jesus histórico*. Um manual. São Paulo: Loyola, 2002.

VERMES, Geza. *Jesus e o mundo do Judaísmo*. São Paulo: Loyola, 1996.

_____. *A religião de Jesus, o judeu*. São Paulo: Imago, 1995.

VIDAL, Marie. *Um judeu chamado Jesus*. Uma leitura do evangelho à luz da Torá. Petrópolis: Vozes, 2000.

WINTER, Paul. *Sobre o processo de Jesus*. Rio de Janeiro: Imago, 1998.

OBRAS E ARTIGOS ELETRÔNICOS

SCARDELAI, Donizete. *A comunidade de Mateus e sua relação com o Judaísmo formativo*. In: *Revista Cadernos de Sion*, v. 2, n. 2, 2021, p. 41-57.

TALMUD

Disponível em: < https://www.sefaria.org/texts/Talmud>.

DICIONÁRIO ONLINE DE PORTUGUÊS

Disponível em: <https://www.dicio.com.br/>.

IESHUA ATRAVÉS DE OLHOS JUDAICOS

Disponível em: < http://shemaysrael.com/ieshua-atraves-de-olhos-judaicos/>.

PINAY. *Qual é a Doutrina Católica Sobre Os Judeus?*

Disponível em: < https://pt.scribd.com/document/384788392/Qual-e-a-Doutrina-Catolica-Sobre-Os-Judeus>.

CONSELHO PONTIFÍCIO PARA A PROMOÇÃO DA UNIDADE DOS CRISTÃOS

Disponível em: < http://www.vatican.va/roman_curia/pontifical_councils/chrstuni/index_po.htm>.

TENDAS, FABRICANTE DE

Disponível em: < https://wol.jw.org/pt/wol/d/r5/lp-t/1200004364>.

A VERDADE: o que é e onde se encontra?

Disponível em: < http://www.morasha.com.br/etica/a-verdade-o-que-e-e-onde-se-encontra.html>.

DISCURSO DO PAPA FRANCISCO. *Jesus e os fariseus; um reexame interdisciplinar*.

Disponível em: < http://www.ihu.unisinos.br/78-noticias/589029-jesus-e-os-fariseus-um-reexame-interdisciplinar-discurso-do-papa-francisco>.

BENTO XVI. *Visita à comunidade judaica de Roma*.

Disponível em: < http://w2.vatican.va/content/benedict-xvi/pt/speeches/2010/january/documents/hf_ben-xvi_spe_20100117_sinagoga.html>.

MORASHÁ. *Escritura e Judaísmo*.

http://www.morasha.com.br/leis-costumes-e-tradicoes/escritura-e-judaismo.html

BIBBIA PAROLA. *Orientações e sugestões para a aplicação da declaração conciliar Nostra Aetate*.

http://www.bibbiaparola.org/relazioniebraicocristiane.php?a=1a&id=165

Publicação

GROSS, Fernando. *O ciclo de leituras da Torah na Sinagoga*. Prefácio de Elio Passeto, nº 1. 2015.

RIBEIRO, Donizete Luiz. *Convidados ao banquete nupcial: Uma leitura de parábolas nos Evangelhos e na Tradição Judaica*. Prefácio do Rabino Uri Lam, CIM. Coleção Judaísmo e Cristianismo, nº 2. 2015.

HADDAD, Philippe. *Jesus fala com Israel: Uma leitura judaica de Parábolas de Jesus*. Prefácio do Rabino Ruben Sternschein, C.I.P., nº 3. 2015.

RIBEIRO, Donizete Luis; RAMOS, Marivan Soares (orgs.). 2ª edição, *Jubileu de ouro do diálogo católico-judaico: primeiros frutos e novos desafios*. Prefácio do Cônego José Bizon e do Rabino Michel Schlesinger, nº 4. 2019.

HADDAD, Philippe. אבינו – *Pai Nosso. Uma leitura judaica da oração de Jesus*. Prefácio do Padre Fernando Gross, nº 5. 2017.

MIRANDA, Manoel. *As relações entre judeus e cristãos a partir do evangelho segundo São João*. Prefácio do Pe. Donizete Luiz Ribeiro, nº 6. 2018.

AVRIL, Anne e LENHARDT, Pierre. *Introdução à Leitura Judaica da Escritura*, nº 7. Prefácio do Dr. Pe. Boris A. Nef Ulloa. 2018.

LENHARDT, Pierre. *A Unidade da Trindade: À escuta da tradição de Israel na Igreja*, nº 8. Prefácio da Drª Maria Freire. 2018.

RAMOS, Marivan Soares. *Por trás das Escrituras: Uma introdução à exegese judaica e cristã*. Prefácio do Pe. Manoel Miranda, nº 9. 2019.

DE LA MAISONNEUVE, Dominique de La. *Judaísmo Simplesmente*, nº 10. 2019.

PASSETO, Elio. *As Sagradas Escrituras explicadas através da genialidade de Rashi*, nº 11. 2020.

LENHARDT, Pierre. *À escuta de Israel, na Igreja - Tomo I*, nº 12. 2020.

FRIZZO, Antonio Carlos. *A Trilogia social: o estrangeiro, o órfão e a viúva no Deuteronômio e sua recepção na Mishná*. Prefácio de João Décio, nº 13. 2020.

LENHARDT, Pierre. *À escuta de Israel, na Igreja - Tomo II*. Prefácios dos Pes. Donizete Luiz Ribeiro e Dom Maurice Gardès, nº 14. 2020.

LENHARDT, Pierre. *Uma vida cristã à escuta de Israel*. Prefácios dos Pes. Donizete Luiz Ribeiro e Jean Massonnet, nº 15. 2020.

Miranda, Manoel e RAMOS, Marivan Soares. *O ciclo das festas bíblicas na Escritura e na Tradição judaico-cristãs*. Prefácio da Irmã Anne-Catherine Avril, NDS., nº 16. 2020.

HADDAD, Philippe. *Fraternidade ou a Revolução do Perdão: Histórias de fraternidade. Do Gênesis aos ensinamentos de Jesus*. Coleção Judaísmo e Cristianismo, nº 17. São Paulo: Centro Cristão de Estudos Judaicos-CCDEJ-FASI e Fons Sapientiae, 2021.

BLOCH, Renée. *Escritura e Tradição: Ensaios sobre o Midrash*. Coleção Judaismo e Cristianismo nº18. 2022.

SOARES RAMOS, Marivan e MATOS, Marcio. *Jesus, o mestre entre os Sábios*, nº 19. 2022.

HADDAD, Philippe. *Como Jesus lia a Torá: sair do mal-entendido entre Jesus e os Fariseus*, nº 20. 2022.

Este livro foi impresso em papel offset 75g, capa triplex 250g.
Edições Fons Sapientiae
é um selo da Distribuidora Loyola de Livros

Rua Lopes Coutinho, 74 - Belenzinho 03054-010 São Paulo - SP
T 55 11 3322 0100 | editorial@FonsSapientiae.com.br
www.FonsSapientiae.com.br